日銀総裁 黒田東彦《はるひこ》

守護霊インタビュー

異次元緩和の先にある
新しい金融戦略

大川隆法
Ryuho Okawa

まえがき

日銀総裁・黒田氏の守護霊の霊言《れいげん》である。前総裁の白川氏とは全く違う、というのが実感だ。

実際に面白《おもしろ》い人なのだと思うし、基本的には本音《ほんね》人間なのだろう。

折々《おりおり》に見せる維新《いしん》の志士《しし》のような歯《は》に衣着《きぬき》せぬもの言いは、私のほうがハラハラするほどだった。

大筋において、私の考え方とそう変わらないし、「日銀総裁」としての公的立場では言えないことを、ズバズバと言ってくれた点、深く感謝する。

守護霊霊言という宗教現象に関する本ではあるが、別の意味で、これほど政治、経済、外交、軍事、金融に踏み込んだ本はあるまい。NHKの国会中継を観ているより、本書を読んだほうがよほどもの知りになるだろう。面白さという点では抜群で、「黒田ファン」が増えることは間違いあるまい。

二〇一九年　三月二十二日

幸福《こうふく》の科学《かがく》グループ創始者兼総裁《そうししゃけんそうさい》　大川隆法《おおかわりゅうほう》

日銀総裁　黒田東彦　守護霊インタビュー　目次

まえがき　1

日銀総裁　黒田東彦《くろだはるひこ》　守護霊《しゅごれい》インタビュー

──異次元緩和《かんわ》の先にある新しい金融《きんゆう》戦略──

二〇一九年二月十七日　収録
幸福の科学　特別説法堂《せっぽうどう》にて

1　黒田日銀総裁の守護霊に、今後の方針を訊《き》きたい　13

日銀に大きなインパクトを与《あた》えた、前日銀総裁の守護霊インタビュー　13

ポパーを熟読し、東大で碧海純一《あおみじゅんいち》教授にかわいがられた黒田氏　17

財務省財務官だった大川隆法の大学時代の友人　20

経済学を学んでも机上《きじょう》の空論《くうろん》で逆の努力をした白川《しらかわ》氏　21
黒田総裁の本心に斬《き》り込《こ》みたい　23

2　黒田日銀総裁誕生の〝裏事情〟　27

マーケットがこれを読んだら、株価が変動する？　27
民主党の勉強会で紹介《しょうかい》された、前日銀総裁の守護霊インタビュー　30

3　「消費税十パーセント」に賛成か反対か　33

リフレ派として登用後の「アベノミクス七年間」を振《ふ》り返って　33
「消費税は財務省の主管」と言って、話題をそらす黒田総裁守護霊　35
「安倍《あべ》首相だって、ほんとは消費税を上げたくはないだろう」　37
二〇一四年、消費税を八パーセントに引き上げていなかったら　39

4
平成の「停滞《ていたい》三十年」、三つの要因 43
「後《おく》れてきたインフレファイター三重野《みえの》元総裁」が日本経済を海の底に 43
デフレに対するノウハウがなかった日銀 47
平成時代の財務官、国際金融局長としての責任 48
プラザ合意後の急激な「円高政策」による「産業空洞化《くうどうか》」 51
グローバルスタンダードを押《お》しつけられての「地価と株価の下落」 54

5
日本とEU、〝共産主義化〟の実態 58
宮澤《みやざわ》元総理が走ってしまった「共産主義的理想」 58
税制において、共産主義よりひどい政策が現れた 60
中国の元《げん》の切り上げを同時にやるべきだった 63
マスコミには見えないトランプ氏の〝ある種の天才〟性 65
お人好《ひとよ》しすぎる伊藤忠《いとうちゅう》元会長と、経済の本筋《ほんすじ》でない安倍首相の政策 68

最後の心配は「日銀が潰《つぶ》れること」 72
「本道《ほんどう》から言えば、マイナス金利政策はあってはならないこと」 73
経済のキャッシュレス化の真の狙《ねら》い 76
「ゆりかごから墓場《はかば》まで」になりつつある日本 78
共産主義化するEUと、ブレグジットの意味 80

6

「日本復活」の条件

84
世界銀行の金まで狙っている中国 84
中国は「純粋《じゅんすい》な奪《うば》う愛」を基本教義にしている悪魔《あくま》の主戦場 86
米で「トランプ経済学」、中国で「軍事経済学」が出現 90
「原発ゼロ」がもたらす国家レベルの危機とは 92
「日本を復活させたければ、財閥《ざいばつ》の再興を」 97
「今の流れでは、〝松下幸之助《まつしたこうのすけ》〟は出てこられない」、その理由は 102

幸福の科学は、資本主義、自由主義の権化《ごんげ》であれ　107

7　「侵略《しんりゃく》経済の中国」との「金融戦争」　110

黒田総裁の魂《たましい》の驚《おどろ》きのルーツ　110
中国の「侵略経済」「戦争経済」に対抗《たいこう》して直接金融〝バズーカ〟を　115
中国人も「元」を「円」に替《か》えておかなければ危ない時代が来る　120
黒田総裁は「国を発展させる」ことに興味・関心が強い魂　124
「『新しい税金』に当たるものを発見することも大事」　128

8　「異次元融資」でアジアを平和に　135

次の〝黒田バズーカ〟は「異次元融資」？　135
「日銀が潰れないように応援《おうえん》してほしい」　140
「二〇五〇年までの中国自由化」を幸福実現党の党是《とうぜ》に　143

「南北朝鮮《ちょうせん》の合併《がっぺい》前に、北の完全武装解除をさせよ」 145
「台湾《たいわん》を強くしなければ、日本を護《まも》れない」 148
「言いたいことは山のようにあるが……」 150

9 この国を護り、発展させるための重要なポイント 154

あとがき 158

「霊言現象《れいげん》」とは、あの世の霊存在の言葉を語り下ろす現象のことをいう。これは高度な悟《さと》りを開いた者に特有のものであり、「霊媒現象《れいばい》」（トランス状態になって意識を失い、霊が一方的にしゃべる現象）とは異なる。

また、人間の魂《たましい》は原則として六人のグループからなり、あの世に残っている「魂のきょうだい」の一人が守護霊《しゅごれい》を務めている。つまり、守護霊は、実は自分自身の魂の一部である。したがって、「守護霊の霊言」とは、いわば本人の潜在《せんざい》意識にアクセスしたものであり、その内容は、その人が潜在意識で考えていること（本心）と考えてよい。

なお、「霊言」は、あくまでも霊人《れいじん》の意見であり、幸福の科学グループとしての見解と矛盾《むじゅん》する内容を含《ふく》む場合がある点、付記しておきたい。

日銀総裁　黒田東彦《くろだはるひこ》守護霊《しゅごれい》インタビュー

――異次元緩和《かんわ》の先にある新しい金融《きんゆう》戦略――

二〇一九年二月十七日　収録
幸福の科学　特別説法堂《せっぽうどう》にて

黒田東彦《くろだはるひこ》（一九四四〜）

第三十一代日本銀行総裁。福岡《ふくおか》県生まれ。東京大学法学部卒業後、大蔵省《おおくらしょう》（現・財務省）に入省。財務官僚《かんりょう》として、主税局や国際金融《きんゆう》局などを経《へ》て財務官となる。退官後は、一橋《ひとつばし》大学教授やアジア開発銀行総裁などを歴任。二〇一三年に日本銀行総裁に就任すると、上昇率《じょうしょうりつ》二パーセントの物価安定目標の早期実現を目指して、大胆《だいたん》な金融緩和《かんわ》政策を実施《じっし》するなどした。二〇一八年、日銀総裁に再任し、二期連続で務める。

質問者　綾織次郎《あやおりじろう》（幸福の科学常務理事 兼《けん》 総合誌編集局長

兼「ザ・リバティ」編集長 兼 ＨＳＵ講師）

釈量子《しゃくりょうこ》（幸福実現党党首）

森國英和《もりくにひでかず》（幸福実現党選対委員長代理 兼 党首特別補佐《ほさ》）

［質問順。役職は収録時点のもの］

1　黒田《くろだ》日銀総裁の守護霊《しゅごれい》に、今後の方針を訊《き》きたい

日銀に大きなインパクトを与《あた》えた、前日銀総裁の守護霊インタビュー

大川隆法　日銀（日本銀行）総裁の守護霊《しゅごれい》インタビューは、以前に一回出したことがあります。●それは、二〇一二年の一月に録《と》ったものです。

私たちは宗教の側なので、「守護霊と話をする」ということを、普通《ふつう》の感覚に近いかたちでやったと思うのですが、意外にインパクトはけっこう大きくて、（『日銀総裁とのスピリチュアル対話』〔幸福実現党刊〕を掲《かか》げ）この本の内容が国会でも取り上げられ、追及《ついきゅう》されていました。

●それは、二〇一二年……　『日銀総裁とのスピリチュアル対話』（幸福実現党刊）参照。

それから、その本の内容があまりにも詳《くわ》しいように見えたのか、「日銀の内部に内通者がいるのではないか」ということまで疑われました。しかし、全然、そんなことはありません。（日銀総裁の）守護霊から聴《き》いたので、詳しく知っているのは当たり前のことなのですが、そのように疑われたこともあります。

結果的に見ると、この本を出したことにより、当時の白川《しらかわ》総裁のクビが飛んで（注。白川方明《まさあき》・日銀総裁は任期満了《まんりょう》の前に辞任した）、黒田《くろだ》新総裁が誕生したのです。たぶん、それは既定《きてい》のコースではなかったと思われるので、これは、私や幸福の科学、幸福実現党の仕事が、日本の国の金融《きんゆう》政策を変えるきっかけ●になった、〝一つの事件〟であったのではないかと思います。こういうことは表には出ませんが、ほぼ確実かと思います。

また、これも、まだ安倍晋三《あべしんぞう》さんが二回目の総理になる前の時期ですが、次のようなことがありました。

今、宗務《しゅうむ》本部で理事長特別補佐《ほさ》をしている酒井太守《さかいたいしゅ》さんが、当時、〝瞬間的《しゅんかん》〟に

●きっかけ……　民主党が行った金融関係の勉強会において、ある識者によって、『日銀総裁とのスピリチュアル対話』（前掲）が「結論」として紹介された。本書P30参照。

広報局長に就《つ》いていたのですが、そのときに、酒井さんは議員会館かどこかで安倍さんにお会いしています。

そのとき、酒井さんは、「やっぱり、紙幣《しへい》をもっと刷らなくてはいけない。日銀のほかにも三つぐらい大きな銀行があるのだから、日銀が言うことをきかないなら、ほかの銀行から紙幣を出してもよいのではないか。マネーサプライ（通貨供給量）を増やさないと駄目《だめ》だ」ということを言いました。

日銀出身の塩崎《しおざき》（恭久《やすひさ》）さんは、「バカバカしい。日銀以外で出せるわけがない」というようなことを言ったのですが、安倍さんは、それを制して、「君、そんな失礼なことを言うものではない。あとで、きちんとお詫《わ》びをしておくように」というようなことを言ったという話もあるので、安倍さんが考えていることには実は合っていたのだろうと思います。

当時、安倍さんもリフレ派●の考えを持っていたと思います。

白川前総裁は日銀出身です。アメリカに留学して、サプライサイドの経済学●を

●リフレ派　「金融政策によって、緩やかなインフレを継続させることで、経済を安定的に成長させることができる」というマクロ経済学の理論に賛同する人々のこと。

●サプライサイドの経済学　「市中への資金の供給量を増やすことで経済成長を図《はか》る」という経済理論。

〝本家〟で勉強し、秀才《しゅうさい》として、ほめられていた方であるにもかかわらず、日銀総裁になってからの仕事では、そこで教わったこととは全然違《ちが》うことをやっていました。

日銀は秀才の集まりだと思うのですが、意外に頭がシンプルで、「公定歩合《こうていぶあい》を上げたら勝ち。下げたら負け」と考えています。こんなに単純なのです。「任期中に何回上げて、何回下げたか」を見て、「何勝何敗」ということが出るわけです。ものすごくシンプルなので、あっけに取られるほどです。（幸福実現党の）釈党首もびっくりするぐらい、彼らの頭はシンプルなのですが、日銀に入ったら、そうなってしまうようです。

一方、大蔵省《おおくらしょう》、現財務省に入ったら、どうなるかというと、こちらもシンプルで、「税率を上げたら勝ち。下げたら負け」という簡単な考え方になります。その人がやっている間に税率を上げたら勝ち、下げたら負けになって、「何勝何敗」ということになるのです。

財務省の人も日銀の人も、両方とも、そういうことで「何勝何敗」と考えるような、超《ちょう》レアでシンプルな頭脳の持ち主なのです。本当に驚《おどろ》くばかりです。

ポパーを熟読し、東大で碧海純一《あおみじゅんいち》教授にかわいがられた黒田氏

大川隆法　黒田さんは、今の〝筑駒《つくこま》〟と東大法学部を出て、大蔵省に入られました。主税局でも仕事をしていますが、どちらかというと、国際金融局系統が中心だったと思われます。

「東大では二番ぐらいだった」という説もあるのですが、全体でなのか文系だけでなのか、どちらかは知りません。

ただ、歩んでいるコースだけを見れば、トップのトップのコースではないように見えます。国際金融畑においては強いので、やや専門のエキスパート系として過ごしたのではないかと思われます。彼は、「一九九九年に財務官になり、そのあと退官し、一橋《ひとつばし》大学の教授を少しやったり、アジア開発銀行の総裁をやったりして、そ

●筑駒……　筑波《つくば》大学附属駒場《こまば》中学校・高等学校。当時は東京教育大学附属駒場中学校・高等学校で、「教駒《きょうこま》」と呼ばれていた。

れから日銀総裁になる」という、やや異例の動き方をしています。

秀才は秀才なのでしょう。高校時代には哲学書《てつがくしょ》も読んだりしています。大学時代には法哲学の碧海純一《あおみじゅんいち》先生のゼミに入って、かわいがられました。卒業して大蔵省に入ってからも、翻訳《ほんやく》の一部を手伝ったりしています。

黒田さんが高校時代に熟読した本は、●カール・ポパーの著作だそうです。大学では碧海純一ゼミにいましたが、碧海先生はカール・ポパーが大好きな方であったので、黒田さんは碧海先生にかわいがられたわけです。

ただ、私は東大の学生時代に、この碧海純一先生の法哲学と真っ向から対立して、かなり喧嘩《けんか》を売りました。

ポパーにはマルクス主義を批判しているところもあるのですが、プラトンのことも批判しています。哲学の祖であるソクラテスについては、プラトンの書いたものが中心になっていますが、ポパーはプラトン批判を激しくやっているのです。

それは、要するに、「開かれた世界と閉《と》じられた世界」という考え方です。「プラ

●カール・ポパー（1902 ～ 1994）　オーストリア出身。イギリスの哲学者。「反証する方法がない仮説は科学ではない」と唱える。主著『開かれた社会とその敵』等。

トンの思想は古代の迷信《めいしん》のようなものであり、この世の世界にいる人を、霊界《れいかい》というような観念で呪縛《じゅばく》し、閉じられた世界に入れてしまっている。そこを破って、開かれた世界にしなくてはいけないのだ」という感じの思想がポパーの思想なのです。

しかし、「それは間違いであり、プラトンの言っているほうが、実は開かれた世界である。四次元以降の世界、高次元世界があることをプラトンは知っていて説いているので、それが開かれた世界である。ポパーのほうは、それを知らずに閉じられた世界を説いており、〝逆〟になっている」ということで、私は碧海純一教授に激しく批判を加えたのです。

学生の身で教授を批判するので、私の評判は悪かったのですが、黒田総裁は、その教授にかわいがられた人であり、哲学的なところがあるため、どの程度、あの世を理解しているか疑問ではあります。

ただ、大学を卒業してからは、国際金融などを中心に仕事をしておられました。国際金融は私にとってもいちばん強い領域なので、このあたりの考え方には合うところがきっとあるのではないかと思います。

黒田総裁は、私から見て、それほど印象が悪くないというか、好感が持てるタイプの方なので、そう悪くは思っていないのですが、宗教的なところになると、私と同じであるかどうかは分かりません。

財務省財務官だった大川隆法の大学時代の友人

大川隆法　私の大学時代の親友の一人は、財務省の財務官でした。

そう言っても分からないでしょうが、映画「さらば青春、されど青春。」（製作総指揮・原案 大川隆法／二〇一八年公開）で出てきた、主人公の友達二人のうち、背の高いほう、梅崎快人《うめさきかいと》さんが演じた友達が、その人に当たります。映画のなかで、「僕《ぼく》でも大蔵省に行けたのに」と言っていた人に相当するのが、前財務官なのです。

今は大学教授になっていますが、「運がよくて、黒田さんのようにアジア開発銀行の総裁や日銀総裁などになれるといいな」と、私は心のなかで思っているのです。

ただ、財務官を一年で外されたので、たぶん、安倍首相とは仲が悪く、合わなかったのではないかと思っています。今の財務官、彼の次の財務官は、もう三年ぐらい務めているので、「(安倍首相は)こちらとは相性《あいしょう》がいいらしい」ということは分かります。

雑談ですが、そのようなことを言っておきます。

経済学を学んでも机上《きじょう》の空論《くうろん》で逆の努力をした白川《しらかわ》氏

大川隆法　黒田さん自身は、どのくらい分かっているかは知りませんが、幸福の科学なくして、日銀総裁にはたぶんなっていないはずです。〝回りまわって〟ではありますが、いちおう、そうなってはいるので、多少、感じていてくれるとうれしいなとは思います。

二〇〇八年にリーマン・ショックが来て、世界恐慌《きょうこう》が来るかもしれないというような時期があって、さらに二〇一一年の東日本大震災《だいしんさい》で、日本もそうとうな経済的ダメージを受けた時期に、白川《しらかわ》さんが日銀総裁をやっていたのですが、要するに、金融緩和《かんわ》に否定的で、「公定歩合（政策金利）を下げない」ということで岩盤《がんばん》のように頑張《がんば》っていました。

先ほど言ったように、日銀は、「（公定歩合を）下げたら負けで、上げたら勝ち」という感じで岩盤みたいだったので、これを外さなければいけないと私も思っていたのです。ああいうときは、金融緩和をしなければいけない時期なのですが、「経済学をやっていても、机上《きじょう》の空論《くうろん》であり、やはり分からないのだな」と、つくづく思いました。

そのあと、安倍首相が出てきて、アベノミクスというものが始まりましたが、黒田さんのほうも、「異次元緩和」といわれる大胆《だいたん》な金融緩和をやりました。

去年（二〇一八年）、二期目に入られて、日銀総裁二期目に入ったのは、山際《やまぎわ》（正道《まさみち》）さん以来、約六十年ぶりということで、極《きわ》めて珍《めずら》しいことです。

これは、安倍さんが長くやっているのと、おそらく表裏《ひょうり》一体《いったい》になっているのだろうと思います。

黒田総裁の本心に斬《き》り込《こ》みたい

大川隆法　それで、アベノミクスは成功するかに見えたけれども、やや失速し、思ったほどには行かないというのが現状ですが、「民主党政権時代に比べれば、いいかな」という感じはあります。

今年はまた消費税上げの予定もありますし、黒田総裁の任期自体は二〇二三年ぐらいまであるので、ここしばらくは、「安倍・黒田体制」が、日本経済がどうなるかに関係するだろうと思っています。

そういうことで、今日は、本心を訊《き》いてみようと思います。

本人の表面上は、もちろん、官僚答弁風《かんりょう》に言われるでしょうから、本心は言わないですし、安倍さんの意見と一緒《いっしょ》か一緒でないのかも表面上は分かりません。ただ、今日は黒田総裁の守護霊に、「危機のアジア情勢のなかで、日本はどう舵取《かじと》りをするのか」、「中国やアメリカ等をどう見ているのか」、「ヨーロッパをどう見ているのか」など、訊けるところがあれば、斬《き》り込《こ》んで訊いてくだされればよいと思います。

専門的には、そう大したところまでは行けない可能性はありますが、宗教の、あるいは幸福実現党の人が、一般《いっぱん》の方の代わりに、庶民《しょみん》の気持ちや宗教的な立場も入れて訊くということです。

日銀総裁にインタビューするということは、この世的には、地上ではなかなかさせてもらえないことでしょう。マスコミであっても、それほど簡単にはさせてもらえないと思います。たぶん、事前に〝設計図〟を描《か》いて、「こういう感じでどうですか」と言わないかぎりは、インタビューに応じてくれるとは思えないので、本音《ほんね》を聞けるというのは、値千金《あたいせんきん》です。

今日の霊言《れいげん》によって、もしかしたら、日銀がどちらかに向けて動き始めることもありますし、安倍さんの経済政策が変わる可能性もあります。

そういうことも前提の上で、小さな仕事のようでも、意外に大きな戦いが、その後、順繰《じゅんぐ》りに移っていくこともあるので、あなたがたの質問の一つひとつが、その〝球《たま》〟が、もしかしたら日本や世界を変えるかも分からないと思ってくだされば幸いです。

それ以外に、前提知識としては、彼の守護霊と話はしていませんので、過去世《かこぜ》とかが、どういう方であるかは知りません。ただ、二、三日前から、「霊言をしてもいい」とは言ってきていて、今日も、もう一回、昼に来られたので、「じゃあ、やってみようか」ということになりました。初めての人は値打ちがあるので、やってみるつもりです。

おそらく、金融政策的には、私とそんなに大きく変わらないのではないかという印象を持ってはいるのですが、アベノミクスが、ちょっと今、ギリギリの厳しいあたりのところなので、国際政治も絡《から》んでどう判断しているのか、このへんを知りたいところです。

では、行きますね。

綾織　お願いします。

大川隆法　それでは、黒田東彦《はるひこ》・日銀総裁の守護霊をお呼びいたしまして、これからの日本の金融・経済、あるいは、国際政治のなかでの役割、あるいは個人的なご心情など、さまざまに明かしてくだされば、幸いであると思います。

黒田東彦・日銀総裁の守護霊よ。

どうぞ、幸福の科学に降りたまいて、そのご本心を明かしたまえ。お願いします。

（約五秒間の沈黙《ちんもく》）

2　黒田日銀総裁誕生の〝裏事情〟

マーケットがこれを読んだら、株価が変動する？

黒田東彦守護霊　うん。うん。

綾織　こんにちは。

黒田東彦守護霊　そんな怖《こわ》くないから、別に。フランクにいこうよ。フランクに。フランクにいこう。

綾織　そういう雰囲気《ふんいき》でよろしいんですね？

記者会見する黒田東彦日銀総裁。

黒田東彦守護霊　フランクに、非学問的にいこうよ、な？　厳密に、学問的に言うと、責任が出るからさ。霊《れい》が来て勝手にしゃべってるということで、本音《ほんね》も一部入れるけど、フランクにいこうよ。

綾織　分かりました。でしたら、気軽な感じで。

黒田東彦守護霊　気楽にいこうよ。君、もう大手紙の記者ではないんだから、ねえ？　宗教の〝特殊《とくしゅ》な経済マガジン〟をつくっておられるんだろうから。

綾織　まあ、経済も人の気持ちによって動いていきますので。

黒田東彦守護霊　ああ、そう。

綾織　やはり、そういう観点からのアプローチになります。

黒田東彦守護霊　いや、下手《へた》したら、「日銀総裁の本心だ」と思うし、マーケットがこれを読んだら、株価だって変動するかもしれないですからね。ほんと。

綾織　確かにそうですね。

黒田東彦守護霊　投資も、未来の投資状況《じょうきょう》が変わる可能性もあるから、私だってすごく……。

だから、ほんとは、本気で言えば慎重《しんちょう》に言わなきゃいけないけど、官僚答弁《かんりょう》みたいなものをやられたら、本が全然売れないから、面白《おもしろ》くないだろう?

綾織　そうですね。

黒田東彦守護霊　読者もついてこれないしな。うん。

民主党の勉強会で紹介《しょうかい》された、前日銀総裁の守護霊インタビュー

綾織　二〇一二年のことになりますが、白川《しらかわ》前日銀総裁の守護霊インタビューが行われ、本として発刊されたところ、政界でものすごい反響《はんきょう》がありました。

黒田東彦守護霊　そうだね。

綾織　当時は民主党政権だったのですが、民主党が識者を呼んで金融《きんゆう》関係の勉強会をやったところ、ある方が、結論として、「白川総裁の守護霊霊言《れいげん》のなかに、答えはすべて書いてあります」と。

黒田東彦守護霊　書いてある。まあ、そうだね。

綾織　というように、民主党政権の中心の人たちに説明をされたそうです。そういう、ある種の事件がありました。

黒田東彦守護霊　日銀のなかでも勉強会がなされましたから、それは〝事件〟でしょうね。ええ（笑）。

綾織　その一年余りあとに、白川総裁は辞任し、黒田総裁が誕生したという流れになります。

黒田東彦守護霊　そういう意味では、恩に着なきゃいけないかもしらんね。二期も日銀総裁をやらせていただいて。まあ、大蔵《おおくら》次官（財務事務次官）ぐらいやってないと、ほんとは日銀総裁になれないんですがね。

綾織　そうですね。はい。

黒田東彦守護霊　財務官では●ちょっと軽いっていうか、大蔵次官を二年やったぐらいの実績がないと、なかなかＯＢが許してくれないんだけどね。

まあ、異例の抜擢《ばってき》であったけど、異例の「異次元緩和《かんわ》」をするには、ちょうどいいような使われ方にはなったわな。

お互《たが》い痛し痒《かゆ》しだけど、そのへん、今日は非学問的に、フランクにいこうよ。

●**財務官では……**　「財務官」は、財務官僚のポストのなかで、トップの「財務事務次官」に次ぐポストとされている。

3 「消費税十パーセント」に賛成か反対か

リフレ派として登用後の「アベノミクス七年間」を振《ふ》り返って

綾織　そのあたりは、「黒田総裁のお考えが、安倍《あべ》さんに近かったので登用された」ということになると思うのですが。

黒田東彦守護霊　うん。

綾織　いわゆるリフレ派といって、「金融緩和《きんゆうかんわ》を積極的に行うべきだ」という考え方を持っていたので、登用されたわけですよね。

黒田東彦守護霊　いやあ、安倍さんもね、大局観のある方だから細《こま》かいことはあんまりこだわらない。「だいたい何が正しいか」っていう大局観をつかむ方で、「大川総裁が言ってることは、直感的にだいたい正しいんだろう」と思っているので、まあ、それを受け入れる傾向《けいこう》はあるのかなと思う。

私だって、そういう傾向はあるよ。うん、うん、まあね。

綾織　二〇一二年末に安倍政権（第二次）が誕生してアベノミクスが始まり、日銀総裁として金融緩和をされ、そして、もう七年ぐらいたちますけれども、これを振《ふ》り返ってみて、どういうお気持ちでいらっしゃいますでしょうか。

黒田東彦守護霊　できれば、もう一段の経済発展をさせたかった気持ちはあるんだけどねえ。

まあ、そこまでは行かなかったが、「経済がどんどん縮小してデフレになっていく」っていうトレンドは、防げたのかなあというふうには思っているんだけどね。うーん、君たちの期待に応《こた》えるところまでは、まだ行ってないのかな。だから、「二期目もやれ」ということになったのかなと思って。まあ、東京オリンピックもあるからさ。そのへんも〝一つの触媒《しょくばい》〟として、本来、願ってた姿を実現できりゃあ、うれしいなと思ってる。

「消費税は財務省の主管」と言って、話題をそらす黒田総裁守護霊

綾織　そこで、障害として、いちばん大きく出てきたのが、消費税の増税です。

黒田東彦守護霊　いや、これねえ。うーん。

綾織　金融緩和をしたあと、「ある程度、順調に物価上昇率《じょうしょうりつ》の目標を達成していくのかな」という雰囲気《ふんいき》がありました。けれども、消費税を上げて、「消費がガタガ

タッと落ち、所得も下がってくる」という流れができてしまいました。

黒田東彦守護霊　さっきご解説もあったようだけど、日銀と財務省は一体のように言われても、別だからね。こちらは、金融のほうはやれるけど、金利系統はいじれるけど、消費税のほうは財務省の主管だから、なかなか、こちらの言うとおりにはならないんで。あちらは、（税金を）上げれば勝ちだからね。

財務次官、また代わったんだったっけね？　最近。その前の前の財務次官は、大川総裁のお知り合いの、同期の方だね。

まあ、だいたい役人っていうのは、〝ところてん式〟に、みんなどんどん上がっていくので。例えば、財務省であれば、いる間に増税できたら、もう名次官になれるので。だから、みんな、そんなのを狙《ねら》ってはいるんだけどね。

「安倍《あべ》首相だって、ほんとは消費税を上げたくはないだろう」

釈　増税のところですけれども、昨年、日銀副総裁を退任された岩田規久男《いわたきくお》先生は、「二パーセントのインフレ目標は、消費税の増税がなければ達成されていた」とおっしゃっています。今年の秋にも増税が予定されていますが、本当のところは、どうお考えでしょうか。

黒田東彦守護霊　ハハッ（笑）、困るねえ。あんまりフランクに言うと、ほんとクビが飛んじゃうんじゃないか。

危ない、〝危ない球《たま》〟が最初から。さすが党首だねえ。もうちょっと緩《ゆる》い球で来ると思ったのに、最初からそれかよ。

釈　今日は時間があまりないと聞いていますので。すみません。

黒田東彦守護霊　本の後ろのほうになると、みんな読まなくなるけど、前のほうで言うと、意外に早くキャッチしちゃうことがあるのでね。

まあ、それは、「いろんな要素が絡《から》むから、何とも言えない」って、公式答弁的にはそう言わざるをえないけど、首相だって、ほんとは消費税を上げたくはないだろうと思うよ。だって、選挙にはマイナスに響《ひび》くの決まってるからね。

だから、今、還元《かんげん》？　何かデパートみたいだね。〝還元セール〟を一生懸命《いっしょうけんめい》打ち上げて、「還元セールは細かくて分からない」って、みんな言ってる状況《じょうきょう》で、実にややこしいなあとは思うけど、政治のところは、そういう駆《か》け引き、他の政党とかのいろんな駆け引きもあって、一方的に負ける側のほうに立ったら、やっぱり、選挙に負けちゃうからね。

だから、多少、色を付けたり、コチョコチョしながら、やらなきゃいけないから、本心どおりにやれているわけじゃないだろうとは思う。

ほんとは、安倍《あべ》さんだって消費税を上げたくはないんだけど、片隅《かたすみ》には、上げたら財務省が言うことをよくきいてくれるし、財務省が言うことをきかないと、予算編成とか、いろいろ思うようにやってくれないし、政権も短くなるからね。「ご機嫌《きげん》を取りつつ自分の考えを実現していく」という、なかなか大変なことではあるんだよなあ。

二〇一四年、消費税を八パーセントに引き上げていなかったら

綾織　ご自身のお考えはどうなんですか。

黒田東彦守護霊　ハハハハハ（笑）。いやあ、（消費税は）私の所管事項《じこう》じゃないから。私は、消費税を上げるも下げるもできないからねえ。権限がないから。

綾織　黒田日銀総裁は、二〇一四年の消費税上げのとき、「消費税を上げても、景

気は落ちない。大丈夫《だいじょうぶ》だ」ということを、けっこうはっきりとおっしゃっていました。これはやはり、「本音《ほんね》と建前」の世界なのかもしれませんけれども。

黒田東彦守護霊　まあね、虚々実々《きょきょじつじつ》……。政治家も、このへんさあ、ほんとに知ってて言ってるのか、タヌキをやってるのか、分からないところがあるからなあ。

安倍さんの議論を聞いてたら、消費税を五パーから八パーに上げたら、まるで売り上げが三パーぐらい伸《の》びるような言い方だからさ、ほんまか？（笑）通常の頭脳で言えば、「ほんとかね」って思いたくなるけど、それを丸め込《こ》むのが政治家の技術だからね。

「売り上げが上がる。定価が上がって、インフレが始まる」というような議論だからさ。それだったら、「八パーから十パーに上がる。また二パーセントぐらい経済成長が起きるかもしらん」って言うことはできるだろうねえ。

綾織　仮に、二〇一四年、消費税を上げていなかったら、異次元緩和が成功している可能性はかなりあったと思います。

黒田東彦守護霊　だろうね。たぶん経済成長は、三パーセントには達して、もしかしたら四パーぐらいまで行ってた可能性はあると思うね。おそらくね。君らが言うとおりで。

それは私も分かってはいたよ。だから、政治は政治。やっぱり、国会で決められることがあるし。首相とか、財務大臣がおっしゃることは、ある程度聞かないといけないからねえ。まあ、しかたない。雇《やと》われですから。うちも雇われの身なので。

森國　本音では、五パーセントから八パーセントへの増税は、反対だったのですか。

黒田東彦守護霊　いや、だから、私のクビ、切るなよ。

森國　（笑）

黒田東彦守護霊　うまくいけば、まだ、あと、二〇二三年までいられるんだからさあ。君たち、憐憫《れんびん》の情を持ちたまえ。忖度《そんたく》は構わないが、「はっきりと言質《げんち》を取る」っていうのは、検察庁がやることであって、君たちがやることじゃないからさ。

4　平成の「停滞《ていたい》三十年」、三つの要因

「後《おく》れてきたインフレファイター三重野《みえの》元総裁」が日本経済を海の底に

釈　日銀は、かつてはインフレファイターとしてやってきたわけですが、デフレ時代になって役割が変わってきていると思います。白川《しらかわ》前総裁から黒田総裁に替《か》わったあたりで、この考え方が壁《かべ》になってきているのではないかと思います。そのあたりについて、前総裁との違《ちが》いも含《ふく》め、どのようにお考えでしょうか。

黒田東彦守護霊　いやあ、宗教がねえ、宗教の教祖をやってる方がねえ、日銀総裁の金融《きんゆう》政策をこれだけ〝メッタメタに斬《き》れる〟っていうのは、ちょっと驚《おどろ》きではあるけどねえ。もうほんとに。まあ、でも、そのとおりだと思って。ハッハッハッハッハ

ッハッハ（笑）。いやあ、そのとおりだとは思ってたけどさ。思ってたから、異端《いたん》である私が登用されたんだろうと思うけどね。

よくここまで日銀総裁……、まあ、みんな「プロだ」「専門家だ」と思ってるからね。それに対して、あっさりとバサバサに斬っていらっしゃるから。おっしゃるとおりで、怖《こわ》いね。

で、質問は何だったっけ？

釈　日銀の使命は、デフレ時代に入って、どのあたりにあるとお考えでしょうか。

黒田東彦守護霊　戦後ほとんどインフレだったから。ずーっとインフレだったもんで。終戦直後かな。もう「紙くず」みたいだったから、日本銀行券なんて、ほとんど紙くずみたいな、もう値打ちのないもんだったから。

要するに、担保《たんぽ》をする裏づけが何もないからね。国土はもう焦土《しょうど》に化して、土地だって値打ちもなかったし。財産ゼロ。国家の財産は、もうほぼゼロに近い状態から、つくったからさ。

下手《へた》すりゃあ、日銀券を刷りゃあ刷るほど、インフレが高進して、それが、ものすごい、何て言うか、糖尿病《とうにょうびょう》みたいな状態になって病気が進むみたいな、そんな時期が長かったから。

だから、「日銀の体質のなかに、インフレファイターみたいなのがあって、当然」っていうような考えもあったし、その最後の華々《はなばな》しかったのが、鬼平《おにへい》さんの三重野《みえの》さん（元日銀総裁）だよね。〝後《おく》れてきたインフレファイター〟だったわね。あのインフレファイターが頑張《がんば》りすぎたために、日本経済は深く海の底に沈《しず》んでしまったところはある。その、もうちょっと前に、やっとくべきだったね。

綾織　そうですね。

●三重野康《やすし》（1924 ～ 2012）　第 26 代日本銀行総裁。1989 年 12 月に就任し、矢継《やつ》ぎ早《ばや》に公定歩合《こうていぶあい》を引き上げ、いわゆる「バブル潰し」を行った。そのため、一部のマスコミから「平成の鬼平《おにへい》」と称賛された。『平成の鬼平へのファイナル・ジャッジメント――日銀・三重野元総裁のその後を追う――』（幸福実現党刊）参照。

黒田東彦守護霊　五年早ければ、巡航《じゅんこう》速度になった可能性があるけど、日本経済が沈むときに、インフレファイターをやっちゃったから、長い病気になっちゃった。

綾織　●株バブル崩壊《ほうかい》後の話でしたけれども。

黒田東彦守護霊　そうなんだよな。「もう崩壊してるのに、インフレファイターをやってどうするんだ」って言うけど、遺伝子が古かったわね。

まあ、日銀総裁は、私も含めて、ちょっと年を取ってるからさあ。何か、やや頭が古くなる傾向《けいこう》があるので、常に新しい意見を聞かないといけないなと思う。

戦後の長い歴史は、やっぱりインフレファイターがほとんどで、「インフレは悪」っていうのが、ずっとマスコミの意見だったしね。デフレの経験がなかったんだよね。ほとんど。ほぼなかった。

●株バブル崩壊　1989年末に4万円近くあった日経平均株価が下落《げらく》しているにもかかわらず、当時の日銀総裁だった三重野康《みえのやすし》氏は、さらに金融の引き締めを図《はか》り、1990年3月と8月に公定歩合《こうていぶあい》の引き上げを行った。同年10月、株価は一時2万円を割り込んだ。

デフレに対するノウハウがなかった日銀

黒田東彦守護霊　デフレがあったのは、もうほんとに……。十九世紀の終わりぐらいに、世界はデフレを経験してるけど、あとは、戦争がいっぱいあったから。長谷川慶太郎《はせがわけいたろう》さんが言ってるように、戦争の時代は、インフレの時代なんだよな。基本的にインフレになっちゃうので。消費がどんどん進むので。「つくって、つくって、金も刷って刷って、ものもつくって、つくっては壊《こわ》される」っていう、もうケインズ経済学の戦争版みたいなのが起きる時代だから、基本的にインフレになるんだよな。

だから、「デフレを経験した日銀マンは、ほとんどいなかった」っていうのが、本当だわね。「（インフレかデフレか）二つに一つなのに、五十パーセントなのに、そのノウハウがほとんどなかった」っていうことで。

心配するのはほとんどねえ、もう、アルゼンチンだとかスペインだとか、ギリシャだとか、何か財政破綻《はたん》したようなところの経験知を持ってきて、「日本もそうなるんじゃないか」みたいな心配ばっかりしてた感じかなあ。

平成時代の財務官、国際金融《きんゆう》局長としての責任

綾織　「今日は、黒田総裁の守護霊様のほうからいらっしゃった」というように、私たちは理解しています。

黒田東彦守護霊　いちおう、まあ、そうなんですけど。

綾織　ということは、何かおっしゃりたいこともあるのかなと思うんですけど。

黒田東彦守護霊　ああ、なるほどね。これを、黒田のせいにならず、安倍《あべ》さんのせいにならず、日銀のせいにならず、

うまく引き出してくれたら、うれしいなあと思ってはおるんだけどね。

綾織　守護霊さんですので、地上の方と考えが完全に一致《いっち》しているわけではありませんから。

黒田東彦守護霊　一緒《いっしょ》じゃないかもしれないね。うん、うん。

釈　今、ご心配なことというのは、どのあたりでしょうか。

黒田東彦守護霊　やっぱり、「中国が経済をあれだけ拡大させて、日本はなんでこんなに停滞《ていたい》してるのか」っていうこと。二十年、三十年と。

やっぱり、これがいちばん大きな……。いちばん大きなガンみたいなものは、まあ、これがいちばん大きいわな。誰《だれ》が見たって、おかしいじゃん。「何か政策運営に間違いがあるんじゃないか」っていう。

中国も陰《かげ》ってこようとしてるから、分かんないけどね。これから、大不況《だいふきょう》でも起きれば、「ああ、おかしかったか」っていうことになるけど、まあ、今のところね。

去年はちょっと減速してるけど、まだ全体的にはずーっと、日本が停滞してる間に伸《の》び続けてるから、「何か、おかしいな」っていうことはあるわなあ。うん。

綾織　まさに平成の三十年間は、「停滞の三十年間」ということで……。

黒田東彦守護霊　だったね。まあ、私も責任はあるけどね。平成時代に、財務官とか、国際金融《きんゆう》局長とか経験してるから、私の責任はあると思うよ。

答えは、ほんとは私の霊言《れいげん》じゃなくて、大川総裁に言ってもらったほうが、もしかしたら、詳《くわ》しいかもしれないけどね。

プラザ合意後の急激な「円高政策」による「産業空洞化《くうどう》」

綾織　ずっと現場にいらっしゃって、海外のアジア圏《けん》のこともよくご存じの黒田日銀総裁の守護霊様からご覧になって、この三十年間、日本経済が、ある意味で、ずっと足を引っ張り続けられた最大の要因というのは、何なのでしょうか。「何か、お分かりなところがあるのかな」と思うんですけれども。

黒田東彦守護霊　やっぱり、原因は幾《いく》つか挙げられるとは思うんだけど、おそらくは、竹下登《たけしたのぼる》さん（元総理。当時、蔵相《ぞうしょう》）の「プラザ合意」●によって、大幅《おおはば》円高が完全に固定しちゃったよね。

一ドル二百五十円ぐらいだったのが、百二十円ぐらいまで行っちゃって、最後は、七十九円ぐらいまで行ったかな、いちばんの円高は。

●**プラザ合意**　1985年9月22日、ニューヨークのプラザホテルで開催された先進5カ国蔵相・中央銀行総裁会議（G5）における、為替《かわせ》レート安定化に関する合意のこと。合意前は1ドル230円台のレートが、合意後の1987年末には1ドル120円台のレートとなった。

綾織　はい。行きましたね。

黒田東彦守護霊　これは、やっぱり、「輸出立国の日本」が根本的に覆《くつがえ》ることだったわね。この円高のおかげで、日本企業《きぎょう》は空洞《くうどう》化して、海外に工場がどんどん移転した。中国に移転したり、タイに移転したり、ほかのところへ行って、海外で（ものを）つくった。

海外のほうは、そりゃあ安い賃金だから。日本の企業はね、安い賃金であったら、ものがよく売れるし、利益幅が大きくて儲《もう》かるから、企業としては当然そうすることだけども。

だから、中国には工場をいっぱい移転して、向こうの産業を発展させた。まあ、政府だけじゃないんだよ。中国を発展させた企業もあるんだよ。日本企業がいっぱい行ってね。

今はちょっと上がってるけど、最初は、（中国の）人件費は十分の一。ユニクロを見たら、いちばん分かるわ。十分の一の人件費で日本と同じレベルの製品ができたら、そりゃあ、完全にボロ儲けになるわね。

というようなことがあったから、やっぱり、「急激な円高政策」を決めたあたりが、日本の産業が空洞化して、周辺国が急に発展し始めた原因の最初。だから、このときに分かっていなかったことが一つね。

それで、輸出立国をやめて、やろうと思ったんだろうけど、日本は内需《ないじゅ》主導だけでは成長できなかったということね。

人口的な問題もあるし、国民性として、アメリカ人みたいな気質に変えようとしたんだろうけど……。何て言うか、「(クレジット)カードを切って、バンバン使っちゃう。そして、貯金なんか貯《た》めないで、赤字先行で走る」みたいなのをやっちゃう国民性に変えたかったんだろうけど、やっぱり、そうはいかなかったっていうことだよね。

綾織　なるほど。

黒田東彦守護霊　だから、これが一番だと思うんですよ。

グローバルスタンダードを押《お》しつけられての「地価と株価の下落」

黒田東彦守護霊　それから、二番目は、まあ、一九九〇年代は私も現場にいたので、私にも「責任がない」とは言えないから、他人事《ひとごと》みたいには言えないけど、やっぱり、日本の銀行がさあ、要するに、「聖域はない。潰《つぶ》せないものはない。大きすぎて潰せないものはない」っていうような言葉が流行《はや》ってね。

今までは、「銀行だけは潰れない」と、みんな信じてたからね。だから、もう、「太陽が西から東に昇《のぼ》ろうとも、銀行が潰れることはないだろう」と思ってたところが、やっぱり、日本の信用の根源だったし、メインバンクを持っている企業たちの安心感だった。

それが、メインバンクであっても、要するに、「企業を見捨てる」っていうかな。資金の引き揚《あ》げを、どんどんやっちゃったよね。「そうしなければ、銀行自体を潰すぞ」っていう脅《おど》しだよね。

実際上、二十行《こう》ぐらいあった都銀等が、今、三、四行ぐらいにまで減らされちゃった、あっという間にね。これは、アメリカの意見と一緒《いっしょ》になるんだけど、「銀行が多すぎる」ということで。

実際に、外資の銀行とかは、もっと日本進出したかったのに、日本には参入障壁《しょうへき》があったわけよ。何かっていったら、一番は「地価」だった。日本進出するのに、もう、「土地が高すぎて、とてもじゃないけど進出できない」っていうようなことがあったよね。

日本はそれを知っていて、外資があまり入れないようにしていた面もあったけど、これをこじ開けて入ってこようとしたわけね。

だから、土地とか株とかを暴落させればいいわけで。要するに、土地が暴落すれば、担保《たんぽ》の部分が消えて〝蒸発〟するし、あとは、株のところも暴落すれば、「日本の企業を買える」っていうことだよね。「安く買える」っていうことになるだろう？　だから、外資が、日本の企業をテイクオーバー（買収）できる状況《じょうきょう》が整うわけね。

これを（アメリカが）「グローバルスタンダード（世界標準）」と言って押《お》しつけてきて、まんまと乗ってしまったわけね。

それで、銀行を潰すには、簡単でね、「自己資本比率は、八パーセントは必要だ」とか言われたら、もう、ほぼ全滅《ぜんめつ》だったから。八パーセントもあるところはなかったので。やっぱり、商社が借金で商売を回しているのと同じで、銀行も国民からの預金を受けて、それを貸し出して、利ざやだけ稼《かせ》いで大きくしていた。預金を増やして、貸し出しを増やして、雪だるま式に大きくすることで、日本経済を大きくしていたのが、「銀行も自己資本を持ってなきゃいけない」って。

実際は、それ、お金を集めて貸し付けて、利ざやを稼いでるだけだから。質屋《しちや》とか高利貸しと変わらないから、そんなに自己資本が要《い》る必要はないんでね。高利貸しに、自己資本なんか要りやしないじゃない。高利貸し屋がさあ、「自前の家に住んでるか、レンタルの店舗《てんぽ》に店を構えてるか」って、そんなもの関係ないじゃない。現実に関係ないだろう?

だけど、「レンタルでは、やっちゃいかん」と。要するに、「自分の家で質屋や高利貸しをやれ」と言われたようなもんだよ、この「グローバルスタンダード」というたものはね。それは土地の安い国の言うことだよ、そういうことが言えるのは。

だから、これで大パニックで、これが破れなかったな。これが破れなかったために、日本の「土地」と「株」はガタガタにされた。

5　日本とEU、〝共産主義化〟の実態

宮澤《みやざわ》元総理が走ってしまった「共産主義的理想」

黒田東彦守護霊　宮澤喜一《みやざわきいち》さんは、もともと優秀《ゆうしゅう》な方だったんであろうけど、〝遅《おそ》く来た〟総理大臣になって、このときに、見事に「共産主義的理想」のほうに走られてしまった。

「東京都内で、千五百万円で庭付きの家をみんなが買えるようにする」って、一見、いいように聞こえるけど、「千五百万円で庭付きの家が買える」っていうの、これは田舎《いなか》のレベルだよね？

綾織　そうですね。

黒田東彦守護霊　田舎には、千五百万円ぐらいで家が建つところはある。

綾織　はい。

黒田東彦守護霊　（森國に）君の田舎ぐらいなら建つところも……、街中は駄目《だめ》か？

森國　ちょっと離《はな》れたところなら……。

黒田東彦守護霊　ちょっと離れたところね？　郊外《こうがい》ね？　「車でちょっと走ってくる」ぐらいのところなら、千五百万円で庭付きの家が買えるかもしれない。

だけど、「東京都内がそうなるっていうのは、どういうことか」っていうと、実は、「ゴジラが踏《ふ》み荒《あ》らしたあとの東京みたいになってる」っていうことだよね。そりゃあ、もう、「ボロボロになってる」っていうことで。

（宮澤さんは）これが読めなくて、共産主義的理想みたいなのを出しちゃって、「サラリーマンの収入で、みんなが持てるよ」っていう。千五百万円なら、サラリーマンで、持ち家を東京都内に持てそうだもんね。だけど、実際は、これは駄目でね。

税制において、共産主義よりひどい政策が現れた

黒田東彦守護霊　まあ、税制的にも、相続税で、あとで家を取り上げたりすることもいっぱいやってたから。

それで言やあ、やっぱり、都市部は、持ててマンションぐらいで。マンションなら、相続税を払《はら》わなきゃいけなかったら、転売すりゃあ出ていけるからね。安いところに移ればいいだけのことだけど、持っちゃったら、なかなか大変だよね。物納

も増えるし、それを更地《さらち》にして納税するっていうの？　田中角栄邸《たなかかくえいてい》でさえ、あれを壊《こわ》して、半分を更地にして売らなければ、相続税が払えなかったぐらい。

（幸福の科学総合本部の）お近くのほうの〝美智子皇后邸《みちこ》〟（美智子妃《ひ》のご実家の正田家《しょうだ》）も、要するに、もう公園になってる。〝物納〟だもんね。金が払えん。

綾織　そうですね。

黒田東彦守護霊　そのように、日清《にっしん》（製粉）のオーナーの家でさえ、キャッシュで払えなくて、〝物納〟して庭になっちゃってる。公園になっちゃってる。

いや、〝変な政策〟だと自分でも思うよ、本当に。でも、私も、税金を取る仕事もしてたから、多けりゃ多いほどいいけど。これ、本当は、共産主義よりひどいやり方だと思う。これが、一九九〇年代に現出したんだよ。本当に現れちゃったので。

だから、「日本が共産主義になって、中国が資本主義になっちゃって、それで逆転した」と。これが二つ目の真相だな。

綾織　となりますと、今、ご心配に……。

黒田東彦守護霊　いや、霊《れい》が言ってるだけだからね。

綾織　はい（笑）。

黒田東彦守護霊　霊が言ってるだけだから、何も実体がないからね。

綾織　はい。特に、心配されていることというのは、「製造業が、なかなか復活しない」ということと、「金融《きんゆう》の信用が、なかなか上がってこない」ということになるのでしょうか。

黒田東彦守護霊　でも、完全に、もとの土地担保《たんぽ》主義に戻《もど》しても、また批判は出るだろうからさ。「土地だけが担保」でやったら、また値上がりしてくる。だから、それはインフレにはなるんだけど、もう、さんざん叩《たた》かれたあとだから、やりにくいしね。

中国の元《げん》の切り上げを同時にやるべきだった

黒田東彦守護霊　（釈を指して）あっ、訊《き》きたい？　どうぞ。

釈　円の地位については、円安に振《ふ》れば、確かに、輸出企業《きぎょう》にとっては助かるわけではあるのですが、私たちとしては、「『内需《ないじゅ》を拡大する』という流れにも持っていかないといけない。それが大国としての使命でもある」というように考えてはいたんですけれども。

黒田東彦守護霊　だから、「中国が、そのときにどうだったか」を考えたらいいよ。中国は、そういうふうな元《げん》の切り上げをやってないだろう？　日本と同時にやるべきだったわな。やってたらフェアだし、あっちも成長してないはずだけど。あっちは、「ペッグ制」でやってたと思うから。

綾織　はい。抑《おさ》え込《こ》んでいました。

黒田東彦守護霊　だから、あっちは、輸出をガンガンできるようになっちゃって、儲《もう》かって儲かってしょうがない状態を、アメリカは放置したわな、これね。やっと今、ちょっと、（米中の）貿易摩擦《まさつ》は起き始めてるようだけど。

戦後、（アメリカは）日本との貿易摩擦は起きてきたけど、敗戦国を立ち直らせ

●ペッグ制　固定相場制の一つで、自国の通貨と特定の通貨との交換比率（為替《かわせ》レート）を一定に保つ制度のこと。中国は長年にわたり、事実上のドルペッグ制を採用してきた。

る意味では、（日本を）儲けさせるために、ずっと、円安で日本からの輸出を受け取っていた。

ところが、だんだん、日本からの輸出がなくなってきてね。それで、中国だとか韓国《かんこく》だとか、台湾《たいわん》とかからの輸出のほうが、アメリカなんかも多くなってきたわね。だから、アメリカの根本的な考え方もあろうけどね。

こんなのでも、一般《いっぱん》には十分、専門的で難しいんだよ。だから、あまり言いすぎないようにしなきゃいけないね。

マスコミには見えないトランプ氏の〝ある種の天才〟性

綾織　ちょっとアメリカの話も出ましたけれども、先ほどの「グローバリズム」「グローバルスタンダード」等の考え方については、今のトランプ大統領は、その逆で、「自国第一」というように言っています。

つまり、「やはり、それぞれの国が、自分たちの経済を立ち上げていこう」という、これまでの三十年間を、ある種、逆転するような考え方を取っていると思うんですけれども、そのあたりの考え方は、今後、特にアジア経済において、どのように展開していくと思われていますか。

黒田東彦守護霊　トランプさんも、〝ある種の天才〟だとは思うよ。だから、マスコミのあれだけのバッシングを受けながら……。マスコミは本当は、経済をそんなによくは分かってはいないからね。

だから、アメリカの〝お人好《ひとよ》し政策〟で産業空洞《くうどう》化して、工場が全部外へ出ちゃって、自動車産業まで、もう、「ラストベルト」っていわれて「錆《さ》びついた工業地帯」みたいになっちゃったし、失業者の山になっちゃった。

さらに、お人好しなことに、「メキシコとか、ハイチとかから移民がいっぱい入ってきて、失業者が職に就《つ》こうと思ったら、それより、もっと（人件費の）安いのが来て、職を取っちゃって、アメリカ人は貧しいままだ」っていう。

そういう貧しいアメリカ人に、さっきの話じゃないけど、「家が持てるよ」っていうので騙《だま》してやったのが、リーマン・ショックのもとの〝あれ〟でしょう？　レバレッジ（梃子《てこ》）を利《き》かせて、借金を飛ばして、何か、「みんなが家を郊外に持てるよ」みたいなことをやったのが、あの〝嘘《うそ》つき〟のリーマン・ブラザーズの仕事だろう？　同じだな。

だから、「実体経済で収入がなかったら、そういうフェイク（偽物《にせもの》）経済を起こして、景気がいいように見せて、その間に、賢《かしこ》いやつだけが生き延びる」っていう食い逃《に》げするスタイルだよなあ。まあ、どこも、やることは一緒《いっしょ》だけどね。

だけど、彼（トランプ）が、「実体経済のほうを実際に見て、仕事があって儲かって、『家が建つ』とか、『家族が養える』とかいうことも重視している」というのは、経営者としては実体験もあってやっていることなので、〝ある種の天才〟であることは間違《まちが》いない。

ただ、認められるには、もうちょっと時間はかかるわね。

お人好《ひとよ》しすぎる伊藤忠《いとうちゅう》元会長と、経済の本筋《ほんすじ》でない安倍《あべ》首相の政策

黒田東彦守護霊　だから、日本も、まねしようとしたら、それはやってもいいんだけどね。お人好《ひとよ》しだったところをやり直せば……。日本の企業がよくなるように、もうちょっと考えれば、よくなることもあるんだろうけど、ちょっとねえ、お人好しすぎるんだよ。

例えば、伊藤忠《いとうちゅう》の会長をやっていたような人（丹羽宇一郎《にわういちろう》氏）が、中国大使に行ってさあ、大使をやっていたら、向こうで取っ捕《つか》まって、何か、いじめられたりして。

綾織　（伊藤忠の）社員が拘束《こうそく》されてしまっていますけれども。

黒田東彦守護霊　ねえ！　それでまた、社員が今、「伊藤忠の社員はスパイだ」と

●向こうで取っ捕まって……　2012年8月27日、北京《ペキン》市で丹羽宇一郎駐中国大使が乗っていた公用車が襲われ、掲げてあった日本国旗が持ち去られるという事件が起きた。

言って拘束されたりして。

だから、（中国は）儲けるときには利用するけど、あとはそんなものさ。だからねえ、バカみたいなんだよ。中国っていう国は、奉仕《ほうし》すると、あと、それを〝逆《ぎゃく》襲《しゅう》〟して、逆手《ぎゃくて》に来るので。恩義をまったく感じてないから。

その意味では、あまり〝お人好し〟をしてたら損をするので、やっぱり、日本企業の利益を、ある程度は考えないといけないと思うし、日本人の雇用《こよう》が失われるなら、それも考えなきゃいけない。

まあ、ちょっとね、安倍《あべ》さんは、それに対して、観光客を増やしたり、買い物、〝爆買《ばくが》い〟をやらせたり、あるいは、何て言うか、カジノみたいなのをつくって、あのへんの金持ちを引っ張ってこようとしているんだろうとは思うけどね。

これについては、私は、あまりコメントは差し控《ひか》えたいなと思ってるんだけど……。

綾織　そうですか。

黒田東彦守護霊　うーん。まあ、経済の本筋《ほんすじ》じゃないからね。

綾織　「本筋」という意味では、「最近の安倍さんの経済政策自体がフェイクじゃないか」という話が、若干《じゃっかん》ありまして……（笑）。

黒田東彦守護霊　ハハハハ（笑）。でも、器用な人だよ。君たちは、考えられないだろう。「（消費税を）十パーセントに上げるときに、チョコチョコッと、これだけは返す」とかさあ。あんなの、公明党が突《つ》いてるからであることは分かってるけど、考えられないでしょ？

綾織　まあ、厚生労働省の勤労統計の不正については、「首相官邸の側からの圧力があったのではないか」とも言われているのですが、そういった、「数字を操作して、何か、景気・経済がよくなっているように見せる」というところについては……。

黒田東彦守護霊　ああ。選挙前になると、経済はよくなることになってるんだよね。

綾織　なるほど（笑）。

黒田東彦守護霊　それはね、やはり、統計官が（首相の考えを）主観的に忖度《そんたく》するからね。それは、全般的に言えることだよね。〝ご祝儀《しゅうぎ》相場〟はな、やっぱり、あるからね。

最後の心配は「日銀が潰《つぶ》れること」

森國　日銀のほうも、ＥＴＦ（株価指数連動型上場投資信託《しんたく》）を、ちょうど、二〇一四、五年ぐらいから、かなりの額を買っていらっしゃいますが、このへんは、「安倍首相と忖度し合って」というような雰囲気《ふんいき》なのでしょうか。

黒田東彦守護霊　（笑）うーん……、それは、もう、言われれば、いろいろあろうけどさ。まあ、「任期中にやれることは、やろう」とは思ってるからさ。「一蓮托生《いちれんたくしょう》だ」とは思ってるので。「安倍政権が倒《たお》れたら、私もそこで終わり」とは思ってるから。

その意味で、「政権を支えるようにはやろう」とは思ってるけど、日銀自体だって、それは、財務内容がかなり悪化してますからね。

だから、「みんなが『銀行は潰《つぶ》れない』と思ったのが、潰れた」っていうことがあったけど、「『日銀は潰れない』と思っていたら、『日銀が潰れた』ってなったらどうするか」っていう。まあ、最後の心配は、そこにあることはあるんだけどね。もしかしたら、安倍さんが進めている「電子マネーによるキャッシュレス経済」っていうのは、日銀が潰れたときの対策かもしれないから。

綾織　ああ……。

黒田東彦守護霊　「日銀がなくても、電子決済できれば構わない」ということになっちゃうからね。「通貨の発行権の主体がなくなる」っていったらな。

「本道《ほんどう》から言えば、マイナス金利政策はあってはならないこと」

釈　そのあたりにも関連すると思うのですけれども、今、「マイナス金利政策」が続いています。こちらに関しては、本当のところ、どう思っていらっしゃるのか。

特に、全国の地銀のみなさまは非常に興味があると思います。

黒田東彦守護霊　本道《ほんどう》から言えば、あってはならないことだろうとは思うよ。本道的に言やあ。

というか、まあ、あってもいいけど、何て言うか、国を縮めていくんなら、それでいいでしょうね。

「マイナス金利政策」っていうのは、基本的には……。本来的には、インフレを目指しているはずだけど、「マイナス経済」っていうことは、資本主義の原理から見ると、経済は縮小していく方向に流れるはずなんだよな。

低金利だったら、確かに、「お金がいろんなものに使われて、発展する」っていうことはありえる。だけど、マイナスまで行ったら、「資本主義の原理からいくと、いったいどうなるか」っていうことを考えてみたら分かるが、お金を持ってたら損するんだろう？　それから、お金を持ってたら、保管料を取られるようなものだから。

お金儲けして、蓄財《ちくざい》して、そして、金を〝雪だるま式〟にして、それで、大富豪《だいふごう》が出来上がるわけでしょう？　資本家ができてきて、資本家は、その集まった雪だるま型の資金に基《もと》づいていろんな事業に手を出して、そして、経済を大きくしていって、富国強兵が可能なんでしょう？

それは「基本的な考え」じゃない？　お金を集めて、それを大きくする。それには利息部分も出て、〝雪だるま化〟して、複利で大きくなっていくっていう。これは大事な考えだよな。

だけど、マイナス（金利）だと、結局、「お金を儲けた人が、持っていたら損をする」っていうだけの経済になってくるんで、長く続くと、これも毒素は回ってくるわなあ。「金を儲けたら、保管料を取られて損をする」みたいな感じになってはくるし。

経済のキャッシュレス化の真の狙《ねら》い

黒田東彦守護霊　おそらく、電子マネーによるキャッシュレス経済をやらすと、要するに、「タンス預金がなくなる」と、政権は考えているはずだから。「タンス預金を持ってたって、もう駄目になりますよ」と。全部電子決済になったら駄目になって、使わざるをえないので持てなくなる。

「タンスの中身の隠《かく》し預金は、みんな、だいたい何百万かぐらいは持ってる」と、政権のほうは見てるわけですよ。まあ、財務省は見てるわけよ。このタンス預金のところを全部取り上げるつもりでいるのが、「キャッシュレス経済」ですよ。

綾織　ああ、そういうことですか。

黒田東彦守護霊　間違いなくそうですよ。もう、全部ガラス張りにしてやるつもりでいるので。

綾織　ほお……。

黒田東彦守護霊　それで、銀行に預けたところで、これもまた、「金利は付かなくなっていくよ」ということで。

まあ、どういうことになるかというと、これは、そのままで行くと、もう、配給制の一歩手前でしょうね。国民はお金を持ってないので、政府の配給で食べていく世界が来るから、これは、国家社会主義への道ではあります。

綾織　うーん、なるほど。「教育の無償《むしょう》化」などもありますけれども、それらはすべて連動している……。

黒田東彦守護霊　そう、あんなことねえ……。

いやあ、私が言っちゃあいけないけど、「教育の無償化」なんかするべきじゃないですよ、やっぱり（笑）。だって、「私立」に行くか、「国立」に行くか、「公立」に行くか選べるのに、それで、わざわざ選んで私立に行った人の無償化なんて、そんなのやっちゃいけないでしょうね。本来、財政赤字だったらね。

余っとりゃあいいよ。石油が噴《ふ》いたっていうなら構わない。やっていい。

「ゆりかごから墓場《はかば》まで」になりつつある日本

釈　金融界のトップの方のお考えが、非常に健全でいらっしゃることが分かり、とても安心いたしました。

黒田東彦守護霊　いや、分かってはいるんだけどね。分かってはいるんだけど、いやあ、力関係がいろいろあるからね。

だから、財務省が考えていることや官邸が考えていることは、大川総裁はもうお見通しだろうと思うよ、たぶん。全部分かってるけど、自分たちがやっている間に、ちょっとでもよく見えるようにしようとは考えてるだろうし。

まあ、ある意味では、中国よりも日本のほうがマルクス主義国家になろうとしていると思うんだよ。税務署や財務省の考えをやったら、基本的にはそうなるから。

釈　もう完全に「ゆりかごから墓場《はかば》まで」の……。

黒田東彦守護霊　そうです。「全部面倒《めんどう》を見る代わりに、税金をもっと取らせろ」って言うんでしょ？　「七十パーセント税金を取らせたら、君らはとにかく、一生飢《う》え死にすることはないよ。任せなさい」と、まあ、こんな感じに最後はなるよ。

釈　いやあ、もう、厚生労働省のホームページなどを見ますと、「ゆりかごから墓てしまっているのかなという感じはあります。

場まで」が省の使命のように書いてあるので（笑）、もう本格的な福祉《ふくし》国家になっ

共産主義化するEUと、ブレグジットの意味

黒田東彦守護霊　だから、それを言う人たちはねえ……。今、EUでは、イギリスがEUから外れようとして、ブレグジットをやっているけど。サッチャーがね、あれに参加するのに最後まで反対して、閣僚《かくりょう》たちが離反《りはん》して、造反して、「サッチャーはもうボケた。（首相を）十一年もやったから、ボケてしまった」っていうので、サッチャーを見放して、EU参加のほうに決めたけど。サッチャーは、最後まで、「国家の主権を手放しちゃいけないし、主権のもとになる一つは通貨の発行権だ」と。これをEU政府みたいなのに全部管理されたら、イギリスは、「国」から「一つの省ないしは州」に落ちてしまうわけだね。だから、反対してたけど、（閣僚たちは）それを、「もう古い」と見て（EUに）入った。

今は、〝サッチャーの亡霊《ぼうれい》の呪《のろ》い〟が出てきているんだけど、これ、意外に大きなことなんだよ。

綾織　ほお……。

黒田東彦守護霊　このサッチャーが言ってたことと、ＥＵが始まったこと、今またＥＵから抜《ぬ》けようとしてること、この意味を、やっぱり、読み取らないと。

だから、ＥＵ自体が共産主義になってきて、「儲かってるところから取って、金が足りないところに撒《ま》いて、みんなで暮らしていけるようなムラ社会にしましょう」っていう流れでしょ？　これはとてもとても危険な考えですね。

綾織　うーん。なるほど……。

黒田東彦守護霊　うんうん。危ないと思います。

綾織　そうしますと、もうすぐ離脱《りだつ》の期限が来るわけですけれども、仮に混乱が起きたとしても、やはり、イギリスは、このタイミングで抜けたほうが、将来的にはよいということでしょうか。

黒田東彦守護霊　まあ、アイルランド問題とかまで入ってるからさ、もう、ややこしくて、本当に、部外者というか外国の人があんまり口を出すべきことではないとは思うけども。

いやあ、少なくとも、サッチャーも天才だったし、トランプさんも、〝ある種の天才〟だと思うよ。だから、彼らがやってることを見て、何か気づかなきゃいけない。

まったく（他の人と）正反対の、真逆のことをやってるでしょ？　あれは、「天才たちが感じているものは何か」ということを、やっぱり、知らなきゃいけない。

だから、共産主義国がね……、ＥＵのほうで共産主義が成立し、日本で成立し、中国が完全に自由主義、資本主義の国に変わってしまって、マルクスも引っ繰《く》り返るようなことが起きるかもしれないからね。

6 「日本復活」の条件

世界銀行の金まで狙《ねら》っている中国

釈　ある意味、（中国の通貨である）元《げん》が非常に強くなってきておりまして、このままだと、元が覇権《はけん》を握《にぎ》るような世界も出現しそうです。これを封《ふう》じるには、どうしたらよいのでしょうか。

黒田東彦守護霊　私からはちょっと言いにくいけどさ。いやあ、君たち、日本はちょっと品がよすぎるからさあ、私たちも含《ふく》めてだけど。

世界銀行から、中国がいっぱい金を借りとりながらさ、その金をシルクロードかなんか知らんけど、「海のシルクロード」だ、「陸のシルクロード」だと言って、その途中《とちゅう》にある国に貸し付けて、港湾《こうわん》をつくって、返済できなくなったら、それを自分のものにしていくなんていうの、こんな経済がまかり通ってるんだよ。

中国は、そのへんのほかの国も取るつもりでいるが、もう、世界銀行あたりまで、本当はあそこの金まで狙《ねら》ってる状況《じょうきょう》なんで。あれを〝自分の銀行〟にしてしまえば、もう、やれちゃうんで。

だから、いやあ、けっこう「考え方」自体は大きいよ。考え方はね。それは見抜《みぬ》かないといけない。

綾織　なるほど。

黒田東彦守護霊　それから、日本からだって（中国に）円借款《えんしゃっかん》をずいぶん長くやってきたよね。何兆円もやってきたよね。それで空港をつくり、道路をつくり、いっぱいやってきたはずだけど、国内ではまったくそれを伝えることなく、日本に感謝することもなく、「日本は悪い国だった」と言い続けて、抗日《こうにち》映画ばっかりつくり続けて。

で、しゃあしゃあと大きくなって、ほかのところに金を又貸《また》し付ける。円借款したやつだって、円借款を、また、ほかのアジアの国に貸し付けたりして、恩義を乗せて、「払《はら》えなかったら、もうちょっと中国の主権をここに拡大していく」みたいなことをやってきた。

やっぱり、この「仕組み」は、もうちょっと知らなければいけないね。

中国は「純粋《じゅんすい》な奪《うば》う愛」を基本教義にしている悪魔《あくま》の主戦場

森國　黒田総裁は、ADB（アジア開発銀行）の総裁でもいらっしゃったので、中国の経済的な覇権主義のところを逆転させていくために、知見やアドバイスを頂けるとありがたいです。

黒田東彦守護霊　君たちは、「経済学を超《こ》えたもの」があることを知らなきゃいけないんだよ。

経済学は、借りた金は返さなきゃいけない世界のなかで成り立ってる。いちおう、信用経済はそうなんですよ。大銀行であろうが、日銀であろうが、世銀（世界銀行）であろうが、アジア開発銀行であろうが、「借りたものは、国家としてでも返さなきゃいけない」というのはあって、これで、いちおう、信用経済のほうは出来上がってるんで。

もし、これをね、「軍事力が強ければいくらでも踏《ふ》み倒《たお》せる」と最初から考えている者がいたとしたら、こんな経済原理は、その軍事力の前には〝紙切れ〟にしかすぎなくて、燃やしてポイッと捨てれば、終わりなわけね。「文句《もんく》を言うなら占領《せんりょう》する」と言われたら、もう、どうしようもないわな。

いや、そこまで考えてると見たほうがいいよ。

だからね、習近平《しゅうきんぺい》の頭には、銀行なんかねえ、もう本当に、〝ただの高利貸し〟

ぐらいにしか見えてないから。そんなのどうにでも、もう潰《つぶ》すことも、自分たちが、それを国家所有に変えてしまうこともありうる。

もう、「他人《ひと》のものは自分のもの」だよ。「自分のものは自分のもの」。彼の考えはそうだから。「他人のものは自分のもの。自分のものは自分のもの。借りたものも自分のもの」、そういう考え。

君たちの徹底《てってい》的な反対。君たちは、「与《あた》える愛」を説いてるが、負けるかもしれないよ。

向こうは、「徹底的な奪《うば》う愛」っていうので凝《こ》り固まった、「純粋《じゅんすい》な奪う愛」の教義を説いてるんで、あっちも〝宗教〟なんだよ。「純粋な奪う愛」っていうのを基本教義にしてる、〝悪魔《あくま》の主戦場〟なんで。負けるかもしれないよ、もしかしたら。経済原理では、意外に、欲が強いほうが勝つからね。

綾織　確かに、ある意味での教えのようなものがしっかり立っていて、それに則《のっと》って全体が動いているところがあります。

黒田東彦守護霊　でね、学んでるんだ。過去の日本に学んでるんだよ。日本が、なんで軍事国家になって、なんで南方戦線まで広げて、なんで中国を取りに来たか。

資源がないからね。で、食っていけないから。アメリカの大不況が、大恐慌《だいきょうこう》が起きたあと、日本にも恐慌が来て、資源がないし、食っていけないから、資源を取りに行こうと。それは、ヒットラーも同じだよね。石炭や鉄鋼を取りに行ったのは。日本も資源が欲《ほ》しい。南方の石油が欲しいし、インドネシアとかの石油も欲しいし、オーストラリアの鉄鋼も欲しいし、あるいは、満州《まんしゅう》の石炭とか、いっぱいあるわな。それから、中国には、いろんな労働力がいっぱいいる。それを取りに行って、まあ、日本は敗れたけど。それに学んでるところはあるわけよ。

だから、「軍事的に強ければ取れる」と思ってるから、産油国なんかにお金を払ってるのは、まだかわいいほうで、払わなくたって、取ってしまえばそれまでなわけですから。

そこまで考えてるからね。いやあ、いやあ、それは恐《おそ》ろしい経済学だよ。

米で「トランプ経済学」、中国で「軍事経済学」が出現

森國　先ほど、日本経済について、「消費税を上げていなければ、もしかしたら三、四パーセントぐらいの経済成長があったかもしれない」というお話もございましたが、もう一度、日本の経済政策の考え方を変えながら、年率三パーセントから五パーセントぐらいの経済成長に持っていくために打てる策としては、どういったものがありますか。

黒田東彦守護霊　いやあ……、もう、昔の教科書は全部、使えない時代に入っちゃったから、分からないですけどね。経済学は今、つくり直されつつある時代なんで。

あちらのほうは、だから、トランプさんは、今、「トランプ経済学」、「トランポノミクス」をつくってるところなんで。これは、「新しい経済学」にたぶんなると思うよ。「どうやったら資本は、富は生み出せるか」っていうことを実地にやって見せてるんで。「アメリカを建国したときの富のつくり方」をもう一回、今、やってると思う。これはトランプさんのやり方ね。

綾織　はい。

黒田東彦守護霊　それから、中国が示してるのは経済学じゃなくて、「軍事経済学」っていう領域が、今、立ち上がってるわけで、「軍事」と「経済」をリンクさせる。「かつての日本が失敗したことを、今度は成功してみせる」と。世界皇帝《こうてい》になれば、もう世界は自分のものになるわけなんで。まあ、かつてのヨーロッパのカルマ、植民地主義をやったカルマのところを、全部、お返ししてやろうとしてる感じだからね。

その軍事経済学なるものが教科書化されるには、まだちょっと時間がかかると思うな。

まあ、「君たちが見抜けるかどうか」はあるけど。

「原発ゼロ」がもたらす国家レベルの危機とは

綾織　アメリカには、そういうアメリカらしい、建国の精神を生かした経済発展の仕方があると思いますし、日本にも、やはり、日本らしいやり方というものが、かつてもあったし、これからもありうると思います。

それが、グローバリズムで断《た》ち切られてしまったところがあるのですけれども、そのあたりの、日本らしい発展のあり方についてはどう考えますか。

黒田東彦守護霊　でも、流れが〝逆〟になってるわなあ。

東日本大震災《だいしんさい》が起きて、原発反対運動で、君たちの党以外はみんな「原発ゼロ」を言ってた。

自民党だって言ってたよね？　もう、今はしれっとしてるけど。舌の根も乾《かわ》かないうちに、しれっと逆のことを言ってるけど。「二〇三〇年ぐらいまでには原発ゼロになる」とかいうのを、みんな言ってたような気がするよ、国会ではね。「原発をやめたら、日本はもっと後《おく》れるぞ」と言ったのは君たちだけだけど、これは「正論」なんだよ。

中国が狙ってるのは、まさしく、そうした「原発ゼロの日本」を狙ってるんだよ。「原発ゼロになったら、どうなるか」っていうことだけど、要するに、油槽船《ゆそうせん》で油を積んでこなければ、日本の工業が動かなくなる時代が来る。そうすると、やっぱり、台湾海峡《たいわんかいきょう》（またはバシー海峡）が地政学的には要衝《ようしょう》の地になるんで、そこを通れなくなったら、日本は、もはやギブアップになるわけね。

綾織　はい。

黒田東彦守護霊　これから、香港《ホンコン》、台湾のあたりのところが軍事的に問題になってくるけども。

だから、日本は危険な方向に舵《かじ》を切ってるんで。「産油国から入ってこなくなったときに、どうするか」「制海権を取られた場合に、その経済ではやっていけなくなるかもしれない」ということをやろうとしてる。元総理の小泉《こいずみ》（純一郎《じゅんいちろう》）さんみたいなのまでが、「原発ゼロで野党はまとまれ」とか言ってる。まあ、ちょっと狂《くる》ってきてるようだけど。

要するに、強国にする考え方の反対で、年寄り

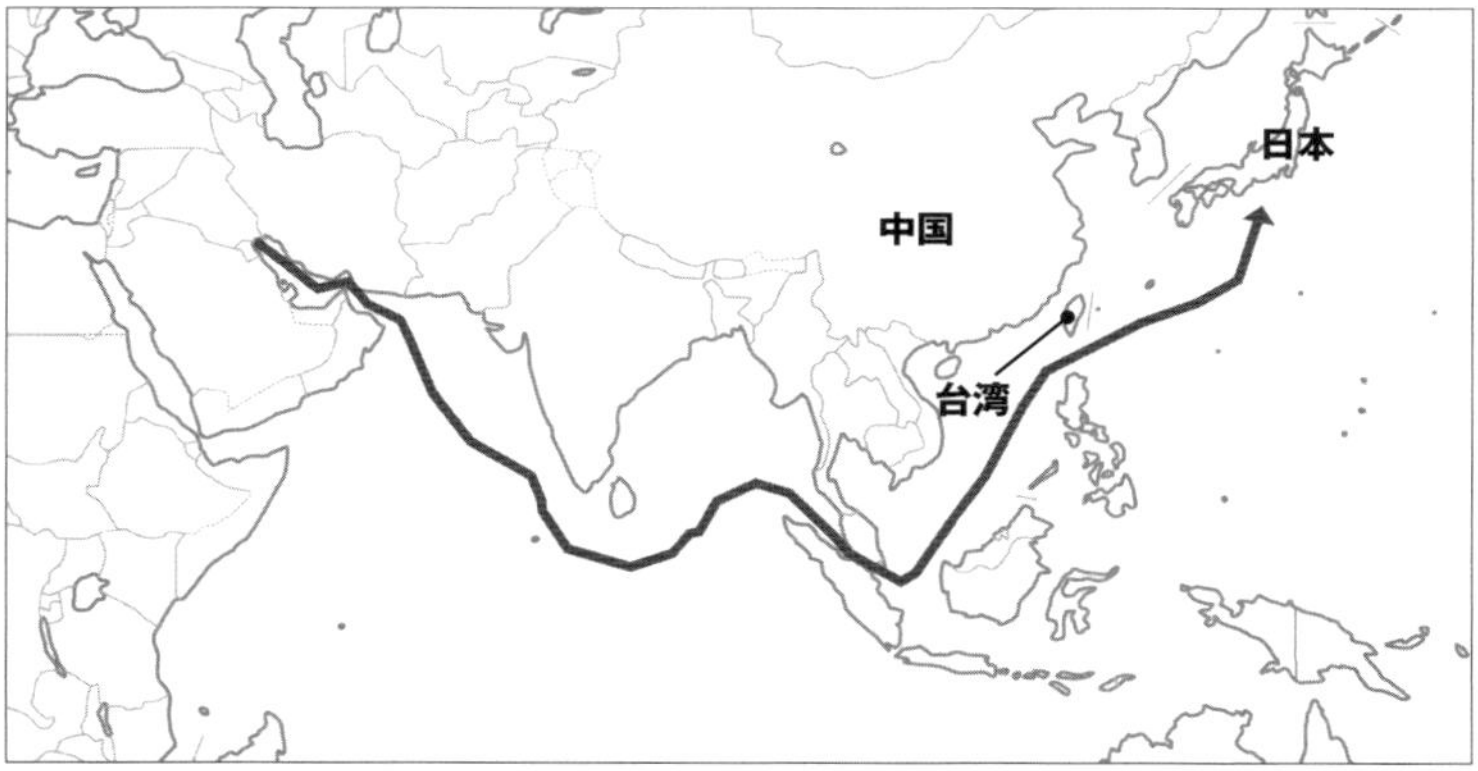

資源やエネルギーの多くを外国からの輸入に頼っている日本にとって、シーレーンの安全確保は重要な課題となっている。

たちみんなは、もう白旗を揚《あ》げようとしたくてしかたがないっていう状況だわな。

綾織　うーん。

黒田東彦守護霊　それで、あれでしょう？　貿易収支も赤字がけっこう出たわなあ。火力発電を増やしたおかげで、輸入が増えて、貿易収支は、圧倒《あっとう》的黒字だったのから、どんどん赤字化へ進んでるよね。

次、タンカーの二、三隻《せき》も沈《しず》められたら、どうなるのかなあ。それは大変なことでしょうねえ。

あるいは、沈められなくても、「タンカーをそのまま引っ張っていかれる」っていうこともあるわね。上海《シャンハイ》に引っ張っていかれるという、ねえ？　向こうの駆逐艦《くちくかん》とか、巡洋艦《じゅんようかん》とかが出てきてね、そのまま、「はい、こちらの港にお入りください」って言って、タンカーが日本に入れないことが起きるかもしれないよ、もうすぐ。

釈　そういう時代をしっかり想定しないといけないのですね。

黒田東彦守護霊　したほうがいいよ。そうだと思います。そのほうが、絶対いい。これは効くから。

（中国の）考えてることはもう分かってるので。沖縄《おきなわ》の米軍基地についても、「返そう」という運動をやってるし、「原子力を日本からなくそう。クリーンな世界に」って言って、完全に〝干し上げる〟つもりでいるんで。

石炭もほとんど採れないし、まあ、「ロシアから天然ガスが入るかどうか」もあるけど、これへの道のりはまだ遠いからね。

「石油が入らない。そして、原子力発電もしない。君たちは、あとの風力発電と太陽光発電で生きていくつもりなのか。結構だけれども、どんどん後れていくだろうね」っていうことだね。

「日本を復活させたければ、財閥《ざいばつ》の再興を」

綾織　お話を伺《うかが》っていると、エネルギーの面も含めて、軍事的な面についてもかなり広い視野をお持ちだと思うのですけれども。

黒田東彦守護霊　いやねえ、大川隆法さんのなかに入るとね、何か、頭がよくなるような気がするんだよ、ちょっとなあ。

綾織　ご自身も非常に見えている方なのだと思うのですが、守護霊様がそういうお気持ちですと、今の日銀総裁の仕事は、実際の選択肢《せんたくし》が非常に限られているので……。

黒田東彦守護霊　できることは少ない。もう、少ないです。

綾織　そうすると、やはり、苦しいだろうなというように思うのですけれども。

黒田東彦守護霊　いやあ……、いや、言えないことが多いよね。政治について、あんまり言っちゃいけないしね。

綾織　ええ。任期は二〇二三年まであるわけですけれども、これまでの安倍《あべ》政権の流れのなかでは、言ってみれば、ほとんど、「金融緩和《きんゆうかんわ》一本足でやってくれ」といった感じで、財政支出も緊縮《きんしゅく》になり、規制緩和もろくなものを出してこず、結局は〝丸投げ〟されているような状態です。

これについては、どうなのでしょうか。ご自身として、あまり正直に言ってしまうといけないかもしれませんが。

黒田東彦守護霊　まあ、私は、企業家《きぎょうか》や資本家ではないからさ。ほんとに、どうやって経済をクリエイトして、富の蓄積《ちくせき》ができるかを教えることはできない。それだけの立場にないので。やっぱり、元役人は役人なんで、そのへんは、そうした才能を持った方にやってもらうしかないので。

うーん、ある意味で、日本を復活させたかったら、やっぱり、「財閥《ざいばつ》」みたいなものをもう一回、再興しなきゃ駄目《だめ》。そういう才能がある人はいることはいるんで、そういう才能のある人に、やれるところまで大きくしてもらう。

それを、財務省とかが邪魔《じゃま》しちゃいけなくて。税金とか、あるいは、検察が動いて、不正な蓄積をしたとか、いろいろ嫉妬心《しっとしん》でけっこうやるでしょう?

綾織　そうですね。

黒田東彦守護霊　でも、あれをちょっと抑《おさ》えなきゃ駄目で。

やっぱり、「財閥」は必要ですよ。

今、日本をね、富国強兵型に変えようとしたら、やっぱり、「財閥」をもう一回つくり直したほうがいい。「資本主義の精神」を持ってる人はいるから、確実に。そういう人たちにこそ、お金を貸し込《こ》んで、どんどん事業を大きくしてもらう必要があるんですよ。

戦後の流れと逆流するけども、財閥解体から始まってるけど、やっぱり、財閥をつくるぐらいの気持ちで金融をやっていかないと、強くならないね。

綾織　そうなって初めて、今の金融緩和というのは意味が出てくると思います。

黒田東彦守護霊　うん。私たち自身は、お金を儲《もう》けることはできないから、もう、ほとんど。だから、そうした実際の財界人が、役人みたいなのじゃなくて、ちゃんと富をつくれるといい。

まあ、それで君たちが耐《た》えられるかどうか知らんけどさ。個人資産一兆円とか、五兆円とかいうような人が出てきて、君たちが耐えられるかどうか、私は知らないけどね。

だけど、アメリカにも出てきてるし、中国にも、もう出てきてるんだよ。

綾織　はい。そうですね。

黒田東彦守護霊　日本だけがね、カルロス・ゴーン現象みたいな感じでね、「何十億も取ったら、けしからん！」とか。

でも、スポーツ選手ならいいんだよ、あれ。バスケット選手が取ったって別に構わないんだけど、企業人なら許せない、と。背広とネクタイをしてるやつは許せないんで。まあ、侍《さむらい》みたいなもんだからね。「お侍は、やっぱり質素でなきゃいけない」と思ってるのさ。

綾織　うーん。

黒田東彦守護霊　「野球のバットで稼《かせ》ぎ出した」とか、「バスケットボールのシュート一本、何億円」とかいうのに対しては、極《きわ》めて優《やさ》しいなあ。

「今の流れでは、〝松下幸之助《まつしたこうのすけ》〟は出てこられない」、その理由は

釈　日銀総裁らしいリーダーシップといいますか、哲学《てつがく》を今、感じさせていただいたのですけれども。

黒田東彦守護霊　ありがとう！

釈　今、日本の財界を見たときに、どちらかというと、中国に媚《こ》びるような方が、

世代的にも目立っているところがあるのですが、これからの若い世代には、そうした〝経済的な英雄《えいゆう》〟というのが予定されているのでしょうか。

黒田東彦守護霊　どこに?

釈　今、日本に……。

黒田東彦守護霊　日本に予定されてるかどうか?

釈　例えば、松下幸之助《まつしたこうのすけ》先生であるとか、そういうような方々が今、日本に生まれているのか……。

黒田東彦守護霊　いや、ちょっと、これはねえ、私のクビが危なくなる話なんで、少し口の滑《すべ》りが悪くなって申し訳ないなあ、と。ごめんね。やっぱり、役人と変わらないんだ、日銀でも。やっぱり、役人みたいに法律で決まってるから、給料も任期も決まってるからな、しょうがないんだけどさ。

だけど、今の流れ、まあ、これは別に安倍さんを特別に何かって言ってるわけじゃないんだけど、「ゆりかごから墓場《はかば》まで型」のは、はっきり言やあ、国家社会主義だよ、な？　その方向に向かってますよ。「野党の圧力」もあるし、「マスコミの圧力」もあって、向かってる。

この流れのなかでは、〝松下幸之助〟は出てくるのは厳しいな。ああいうのが出てきても、戦時経済なんかになったら、没収《ぼっしゅう》されてしまって自由にならなくなる。そういう世界になるので。

いや、この流れは、選挙にはちょっと有利なところがあるんだよ。バラマキになって、「福利厚生がよくなる」とか、「老後の面倒を見るために、もっと税金が要《い》る」とか言われたら、まことにそのように聞こえるんだけど。

はっきり言えば、私も老人だけどね、昔の老人はね、まあ、私らの若いころは、金利がもっと高かったからね。大川さんも、そういうふうに言ってたような気がするけど、例えば、定期預金の金利が六パーセントぐらいで、複利で回ってたようなときもある。だから、一億円、稼いでおいたら、引退後、年六百万の収入がある。六百万ありゃ、何とか、悠々自適《ゆうゆうじてき》で生活できて、死ぬまで暮らせるから、貯金さえちゃんとしておけばいけた。

でも、今は、消費税が上がっていったら、老人も消費税をだんだんに払わなきゃいけない。この額が五パー、八パー、十パー、二十パー、三十パーと上がってきたら、老人年金どころか、生活するだけでどんどんどんどん貯金が減っていく世界になる。金利もあんまり付かないし、貯金が減っていく世界になるから、老人にとっては、これは非常に厳しいことになる。

最終的には、どうなるかっていうと、やっぱり、〝安楽死法案〟が通って、「死にたいと本人が希望する場合には死なせてやってもいい」とかいうようにする以外に、方法がたぶんなくなってくると思うよ。

釈　そうなると、思想戦で、自助努力の精神で未来を拓《ひら》いていくような……。

黒田東彦守護霊　ただ、票は入らないよ。だから、君たちの負けはまだ続くことを、それは意味してる。

釈　ただ、これは、日本の国柄《くにがら》自体を懸《か》けた戦いでございますので。

黒田東彦守護霊　そうですね。

釈　使命として頑張《がんば》っていこうと思います。

幸福の科学は、資本主義、自由主義の権化《ごんげ》であれ

森國　黒田総裁守護霊のお話をお伺いしていまして、この平成の時代の、嫉妬による足の引っ張り合いの風潮のなかで、いい意味での国家目標をしっかり立てていくことが、新たな財閥を出したり、国家社会主義的な面を打ち破っていく上で必要なことかと思いました。そこで、これからの日本にとって、どういう国家目標が必要だとお感じでしょうか。

黒田東彦守護霊　いやあ、これは、ちょっと私は……。まあ、守護霊が言ってることだからいいか。守護霊っていうことで、いいかどうかは知らないけど、そういうビジョンが出ているのは、幸福の科学だよな？　はっきり言ってね。

幸福の科学からビジョンは出ているけど、ほかには出ていない。ほかの政党も言っていないし、マスコミも言っていないので。みんな、小さいローカルなことばっ

かり言っているので。君たちが「ビジョン」を出しているんじゃないか？　そこに、「日本の政治」の生き筋《すじ》、「外交」の生き筋から「経済」の生き筋がある。

さらには、はっきり言えば、「富国強兵」をやらなきゃいけないんだよ。もう一回、明治維新《いしん》以降のやり直し。失敗したんで。

第二次大戦で敗北して経済一本に絞《しぼ》ってやったけど、もう一回、九〇年代に〝金融敗戦〟が起きて、中国に逆転されて、軍事的脅威《きょうい》まで出てきた。

これは、かつての中国の、アヘン戦争以降の清朝《しんちょう》の低迷《ていめい》と同じで。日清《にっしん》戦争に敗れ、内戦が起き、辛亥《しんがい》革命が起きて、それから、日本にまた進攻《しんこう》されてっていうようなのがいっぱい起きて、「共産党 対 国民党」の戦いがあってというような、ダッチロールの時代がいっぱい続いたけど、下手《へた》すりゃあ、（日本には）そういう未来が待っているだろうと思いますね。

だから、大川総裁は宗教家でもあるけれども、やっぱり、「資本主義」や「自由主義」の権化《ごんげ》でもあってもらいたいなあと、私は思っておるんだけど。

●ＨＳＵ（ハッピー・サイエンス・ユニバーシティ）　2015 年 4 月に開学した「日本発の本格私学」。「幸福の探究と新文明の創造」を建学の精神とし、「人間幸福学部」「経営成功学部」「未来産業学部」「未来創造学部」の 4 学部からなる。千葉県長生村《ちょうせいむら》と東京都江東区にキャンパスがある。

君たちは、ＨＳＵだとか、ＨＳ政経塾《せいけいじゅく》だとか、まあ、そういうものをつくって未来の人材を育てようとしているんだろうけど。まあ、協力してあげられなくてまことに申し訳ないけど、たぶん、そんなところから新しい人材は出てくるんじゃないかな。松下村塾《しょうかそんじゅく》みたいな、なあ？　それは、日本がかつて自由教育をやったところからであって、藩校《はんこう》からは出てこない。だから、古いかたちの学校からは、そういう「新しい資本家」は出てこないと思うよ。

「富国強兵」、「財閥づくり」。今、新しいかたちでそれをやらなければ、日本の二十二世紀はない。たぶん。

釈　幸福の科学・大川隆法総裁が「精神的な柱を立てる」と言われているように、今日のお話を伺って、それこそがまさに、この日本にとっての起死回生《きしかいせい》であるということを、私たちも自覚を深めさせていただいたところです。

●ＨＳ政経塾　大川隆法名誉塾長によって創設された、政治家・企業家を輩出するための社会人教育機関。「人生の大学院」として、理想国家建設のための指導者を養成する。

7 「侵略《しんりゃく》経済の中国」との「金融《きんゆう》戦争」

黒田総裁の魂《たましい》の驚《おどろ》きのルーツ

釈　そこで、ぜひ、魂《たましい》のルーツといいますか、秘密を教えていただければと思うんですけれども。

黒田東彦守護霊　はああ……、政党がそんなことを訊《き》いてもいいのか?

釈　ええ。開き直っておりますので、まったく問題ありません。

黒田東彦守護霊　開き直ってるの?（笑）政教一致《せいきょういっち》で開き直ってるのか、ふーん。

釈　はい。黒田総裁の守護霊様は、世界情勢がよく見えておられますが、いわゆる「過去世《かこぜ》」というものについてはお分かりになりますでしょうか。

黒田東彦守護霊　うーん、まあ、坂本龍馬《さかもとりょうま》が、明治維新《いしん》のあとに大蔵《おおくら》大臣にしたいと思っていたような人かもしれないね。

森國　由利公正《ゆりきみまさ》とか……。

黒田東彦守護霊　うーん。

綾織　ほお。

●由利公正（1829 ～ 1909）　越前《えちぜん》福井藩出身の政治家。横井小楠《よこいしょうなん》に学び、藩財政を再建。維新政府の財政を担当し、「五箇条《ごかじょう》の御誓文《ごせいもん》」の原文となる「議事之体大意《ぎじのていたいい》」を作成。1875 年、元老院議官、1890 年、貴族院議員に就任。

黒田東彦守護霊　まあ、さあね。フッ。

綾織　彼（森國）は同郷ですね。

森國　福井《ふくい》出身でございます。

黒田東彦守護霊　まあ、そうですか。

森國　地元では、大河ドラマのテーマとして推《お》していたんですけれども、残念ながら実現しませんでした（笑）。

黒田東彦守護霊　いやいや。まあ、政党から、こんな魂のルーツの質問なんかされるというのは、ちょっと〝異次元攻撃《こうげき》〟すぎる、〝異次元緩和《かんわ》〟すぎるけど。まあ、そんなような人だろうね。

綾織 「世界が見える」というのは、本当に、そのとおりの方だと思います。

黒田東彦守護霊 だから、ちょっと、そういう意味でのね、協力はしたいなあと思っているんだけどね。

綾織 なるほど。そうなりますと、冒頭《ぼうとう》で大川総裁が、思想・信条の部分について多少心配されているところもあったのですけれども、そのような心配は必要ないという感じでしょうか。

黒田東彦守護霊 いやあ、幸福の科学の勉強をさせていただいて、かなり払拭《ふっしょく》することができましたよ。

綾織　そうですか。では、黒田総裁は、社会人になって以降は、そうしたものも読まれている感じでしょうか。

黒田東彦守護霊　それは、まあ、全部は読めないけど、今、君たちの本を少しは勉強しないと、もう、時代に乗り遅《おく》れちゃうでしょう？　これが「未来」なんだろうからさあ。それはそうでしょう。

いや、安倍《あべ》さんだって、本当は期待しているはずですよ。だからね、幸福実現党に、本当は「申し訳ない」と思っている気持ちもあると思うよ。「いやあ、これだけいろいろ貢献《こうけん》してくれて、議席も差し上げられなくて、何か申し訳ないなあ」と。「自民党のくだらない部分のところの派閥《はばつ》を潰《つぶ》して、替《か》えてあげたいぐらいだ」と思っている気持ちはあると思うよ、たぶんな。

綾織　なるほど。

中国の「侵略《しんりゃく》経済」「戦争経済」に対抗《たいこう》して直接金融《きんゆう》〝バズーカ〟を

綾織　由利公正さんということになると、やはり、明治維新政府の財政運営の構想における基本のようなところが、かなり出てきている方だったと思うのですけれども、金融《きんゆう》面よりも、むしろ、そういう財政運営のほうが、実は強みだったりするんでしょうか。

黒田東彦守護霊　うーん、まあ、仕事として与《あた》えられていないものは、できないからさあ（笑）。

綾織　あっ、なるほど。

黒田東彦守護霊　あとは、やるとしたら、もう、都市銀行を通して……。要するに、日銀は直接はできないことになっているので。個人に対しても、企業《きぎょう》に対しても、直接はできない。都市銀行とかを通してお金を流しているだけなんで、間接金融しかできないんですよ。

もし、これがやれるとしたら、日銀が直接金融をバズーカ……、「バズーカ」っていう言葉は、あなたがたにはあまりよくないのかもしらんが、〝バズーカ砲《ほう》〟みたいに、特定のところに向かって、日銀の余っている金をバズーッとぶち込《こ》んで、そして、「十兆円ほどあげるから頑張《がんば》ってやりなさい」みたいな感じで、そこにガーンと一つの産業を立ち上げるとか。

もし、そんなことができれば、「新しい国」をつくれる可能性はあるけど、これは、法の改正が多少必要になるね。

綾織　うーん、なるほど。

そういうかたちで財閥をつくったり、あるいは、今は中国がサラ金的にやっているところを日本が肩代《かたが》わりしていったりして、お金を回していくということでしょうか。

黒田東彦守護霊　いや、もし、私に、この日銀総裁の仕事以外のところまで多少やってもいいという権限が与えられるとしたら、やっぱり、中国経済と真っ正面から戦ってみたい気持ちはあるね。

綾織　おお。なるほど。

黒田東彦守護霊　あっちをぶっ潰してやりたいね、一回。

綾織　はい。それは、どこを狙《ねら》いますか。

黒田東彦守護霊　ええ？　いやあ、（中国経済が）バブルであることは分かっているし、〝統計詐欺《さぎ》〟なんていうのは日本どころじゃないのは、もうとっくに分かっているんで。

綾織　そうですよね（笑）。

黒田東彦守護霊　まあ、「金融戦争をして、あれをぶっ潰してやりたいな」っていう気持ちは、あることはあるのよ。

綾織　「金融戦争」ですか。

黒田東彦守護霊　ろくな銀行はありゃあしないいんだから、中国なんかには。

綾織　あっ、なるほど。

黒田東彦守護霊　銀行じゃないよ、あんなものは、ほとんど。うん、人民公社《じんみんこうしゃ》だよ、ほぼ。あんなの銀行じゃないんで。ああいうのをぶっ潰すのは、やろうと思えばやれるんだよな。

綾織　確かに、不良債権《ふりょうさいけん》の山で破綻《はたん》してもおかしくないところを、お金を突《つ》っ込むことでごまかしています。

黒田東彦守護霊　いやあ、不良債権の山だよ。最後は、世界銀行を侵略《しんりゃく》して、戦車で占領《せんりょう》するようなつもりでやってるんだよ。そのくらいの感じなんで、全然分かっていないよ。本当はそうなんだよ。

綾織　なるほど。

黒田東彦守護霊　侵略なんだわ。すべては侵略なんだ。だから、もう、そう思ったほうがいいよ。すべては「侵略経済」なんで。「戦争経済」、「侵略経済」なんで。最後は、文句《もんく》を言うやつは全部占領するつもりでいるから。あるいは、砲弾《ほうだん》をぶち込む、ミサイルをぶち込んで、黙《だま》らせるつもりでいるから。

だから、これは本格的に、経済面でも中国と戦う気概《きがい》は必要だと思いますよ。

中国人も「元《げん》」を「円」に替《か》えておかなければ危ない時代が来る

釈　気概があれば、中国の通貨である「元《げん》」の覇権《はけん》に対して、「円」を基軸《きじく》通貨にするというような流れもありうるわけですよね？

黒田東彦守護霊　それは、中国人たちも、「もうこれは円に替《か》えとかなきゃ危ない」と思うような時代が来るだろうね。あちらのほう（元）はもう危なくて、持っていられない。

実際上、「電子マネー」になっているから、本当に「元」っていうのは存在しているのかどうか、私もよくは知らんけどさ。だけど、中国人が中国経済を信用しなくなったら、国家の信用がもたなくなったら、それは、安全なのは「ドル」か「円」か、どっちかだわな。うん、それしかない。

綾織　やはり、今の中国のそういう信用経済の部分を崩《くず》していくのが戦略になるのでしょうか。

黒田東彦守護霊　だってさ、もう〝マフィア〟だよ、ほとんど。ほとんどマフィアだし、ほとんど〝脅《おど》し〟だよ。「脅し、すかしの経済学」だよ。

綾織　はい。

黒田東彦守護霊　ねえ？　だから、金持ちなんかはみんな弱みを握《にぎ》られて、国家に全部尻尾《しっぽ》を握られた悪魔《あくま》みたいな、小悪魔みたいなのになってるしね。

政治家も、本当は、私腹をたらふく肥やして、自分の政敵だけを摘発《てきはつ》して、そして、「清潔な政治を」と言って、ぶっ潰している。非常に悪い政治をやっていると思うよ。

だから、本当は、「バズーカをあそこに撃《う》ち込んでやりたいなあ」とは思っているんだがな。

綾織　共産党幹部も含《ふく》めて、自分たちの資産を海外に逃《に》がすような流れをつくり出していくということでしょうか。

黒田東彦守護霊　そうそうそうそう。あんなの、全部没収《ぼっしゅう》してやりゃあいいんだよ、本当はな。海外で全部凍結《とうけつ》してね、もう全部取り上げてやったらいいんだよ、本当に。

綾織　なるほど。

釈　黒田日銀総裁の守護霊様のイメージが非常に強くなると、官僚《かんりょう》主義などふっ飛ばしそうなほど、勢いのある方でいらっしゃるなという感じがしてきました。

黒田東彦守護霊　はあ！

釈　ぜひ、今後も、さらにご活躍《かつやく》いただきたいと思います。

黒田東彦守護霊　「幸福実現党の財務局長をやれ」なんて言うなよ。

釈　いや、もう、お待ちしていますので。

黒田東彦守護霊　いやいやや、給料が足りんわ（笑）。

釈　引退されたあとは、はい（笑）。

黒田総裁は「国を発展させる」ことに興味・関心が強い魂《たましい》

綾織　そういう経済的な方面でのご活躍が、やはり、由利公正以前の転生《てんしょう》でも多かったんでしょうか。

黒田東彦守護霊　うーん、まあ……、それはあるわな。うん、やっぱり、あると思う。

綾織　それは、基本的に日本なんでしょうか。あるいは、海外もありますか。

黒田東彦守護霊　いや、海外もあるな、うん。海外もやったことはある。

綾織　おお。私たちが認識できるような方はいらっしゃいますでしょうか。

黒田東彦守護霊　うーん、そうだねえ、時代的に君たちが認識できる……。ああ、あのへんの、まあ、あっちはあんまり言いたくないな。あっちは言いたくないから、もうちょっと言いたいあたりでいくと……。

まあ、ローマの繁栄《はんえい》なんかをつくったのには、協力した気持ちはあるな。そういうことをやったと思うな。

綾織　おお。なるほど。

森國　●五賢帝《ごけんてい》の時代とか、あのあたりですか。

黒田東彦守護霊　うーん、そうだね。やっぱり、ローマはそうとう繁栄したし、それから、ルネサンス期だって富の集中はそうとう起きていると思うけれども、まあ、そういうときには、多少活躍しているとは思うけどね。

綾織　はい。例えば、メディチ家のなかの誰《だれ》かというような感じなんでしょうか。

●五賢帝　ローマ帝国の最盛期を築いた5人の名皇帝のこと。ネルウァ（在位96～98）、トラヤヌス（在位98～117）、ハドリアヌス（在位117～138）、アントニヌス・ピウス（在位138～161）、マルクス・アウレリウス（在位161～180）。

黒田東彦守護霊　うーん。まあ、でも、日本人にはそんなに親しみはないかもしれないから。いちおう、「政治」と「経済」と、両方ともにまたがっている魂《たましい》であるとは思うけどね。

綾織　ローマのときは、皇帝でいらっしゃったわけですか？

黒田東彦守護霊　うーん、まあ、「執政官《しっせいかん》」というか、まあ、そんな感じかな。

綾織　執政官。

黒田東彦守護霊　でも、けっこう大事だったんだよ。ローマでね、街道《かいどう》を整備したり、富をどうやってつくっていくか、富国強兵をどうやってつくるのかっていうのは、非常に大事な仕事だったんだけどね。

まあ、今の日本からは遠い話さ。

でも、ローマみたいな、あんなちっちゃな長靴《ながぐつ》みたいな国でも、世界一になったこともあるしな。

だから、私は、「国を発展させる」っていうことには、非常に興味・関心はあるんだけどね。

「『新しい税金』に当たるものを発見することも大事」

釈　霊界《れいかい》では、いつも、どのような方々と一緒《いっしょ》にいらっしゃるんでしょうか。

黒田東彦守護霊　ハッハッハッハッ（笑）。うーん、そのへんを訊いてきますか。

釈　●高橋是清《たかはしこれきよ》先生は、日銀総裁でいらっしゃいましたけれども。

●**高橋是清**（1854 ～ 1936）　明治後期から昭和初期の政治家。日銀総裁や大蔵大臣などを歴任し、1921 年、内閣総理大臣に就任。昭和恐慌の際には、蔵相として事態の沈静化に活躍した。1936 年の「二・二六事件」で青年将校に暗殺された。『景気回復法―公開霊言　高橋是清・田中角栄・土光敏夫《どこうとしお》―』（幸福の科学出版刊）参照。

黒田東彦守護霊　もちろん、もちろん、もちろん、存じ上げております。それから、ちょっと毛並みは違《ちが》うけど、二宮尊徳《にのみやそんとく》先生とかも、まあ、私みたいな役人的な人間は、あまりお好きではないかもしれないけど、話ができる関係にはありますね。

釈　大川隆法総裁とのご縁《えん》もありますか。例えば、ヘルメス時代とか。

黒田東彦守護霊　うーん。まあ、大川総裁は「謎《なぞ》の人」だから。長らく隠《かく》れてた、雲の上の方だから、それはちょっと……。総裁と直接じゃなく、総裁の弟子《でし》ぐらいのレベルとの交流ぐらいだわな。

坂本龍馬さんには、金を貸してなかったっけなあ？

綾織　（笑）そうですか。

黒田東彦守護霊　返してもらったかいなあ？

森國　坂本龍馬は越前福井藩《えちぜんふくいはん》に借りにいらっしゃっていたような気がします。

黒田東彦守護霊　ええ。利子どころか、元本《がんぽん》も返ってないような……。

綾織　まあ、坂本龍馬さんが生きていらっしゃったら、何倍にもなっていたと思いますので（笑）。

黒田東彦守護霊　今のお金なら三億円やそのぐらいは、パッと、ポンと貸しているはずだけど、全然返ってないような気もするんだがな。

まあ、でも、日銀総裁になれたから、それは許してやるよ、うん。

綾織　日本での転生のご経験は、そのほかにもあるわけですよね。

黒田東彦守護霊　まあ、もちろんあるでしょうね。

綾織　もし、何か分かるところがあれば。

黒田東彦守護霊　ただ、どうだろう。あんまり、こう、宗教に入り込みすぎるのは、日銀総裁として、あまりよろしくないんじゃないですかね。どうですかね。

綾織　まあ、守護霊様ですし、大丈夫《だいじょうぶ》だとは思います。

黒田東彦守護霊　うーん、そうだねえ。

いや、古代にも、それは、関係はあるだろうよ。

綾織　あっ、古代ですね。

黒田東彦守護霊　日本もね、古代のね。

綾織　国づくりに？

黒田東彦守護霊　国づくりには、それは関係したと思いますよ、うん。

綾織　なるほど。

黒田東彦守護霊　いや、みんな同じなの。基本は一緒で、いつも、その当時の近代国家をつくろうとしたら、どうやって国を強くするかは考えるよね。だから、税収も上げなきゃいけないから。

まあ、今の君たちにさ、「●租《そ》・庸《よう》・調《ちょう》」とか、こんなことを言っても（笑）、「こんな税金があったんだよ」とか言って、「昆布《こんぶ》で集めたりすることもあったんだよ」とか言っても、ちょっと笑えるだろうけど、昆布が税金になるような時代もあるさ。布が税金になることもあったのさ。

時代が変わりゃあさ、そんなこともあるんで。「新しい税金」に当たるものを発見することも大事だよね。

だから、お金を取ることだけが税金だと思っとるかもしらんけど、「新しい税金」っていうのは、まだ見つけることも可能なので。国を富ませるものはね、できるんだよ。

幸福の科学も、幸福の科学の宗教の思想体系ができて、ほかの国がそれを採用するとなったら、税金を払《はら》わせてもいいんじゃないかなあ。〝思想税〟、ねえ？「幸

●租・庸・調　唐の制度にならい定められた古代日本の税制度。飛鳥《あすか》時代後期から奈良時代に導入され、「租」は米を、「庸」は労役《ろうえき》の代わりに布・塩などを、「調」は繊維製品・海産物など各地の産物を納めること。

福の科学の思想を使えば、国がつくれる」とか言う人もいるんだろう？

いやあ、「(この思想で)国がつくれたら、やっぱり、税収の十パーぐらいは寄付していただきたい」とか、まあ、そういうふうに、お金はつくろうと思えばつくれなくはないいんだよ。

綾織　なるほど。

8 「異次元融資《ゆうし》」でアジアを平和に

次の〝黒田バズーカ〟は「異次元融資」？

綾織　今年、安倍《あべ》首相は消費税増税にほぼ向かっているということなんですけれども、そういうことも含《ふく》めて、安倍さんに対して、「地上の日銀総裁としては絶対に言えないであろう」という一言《ひとこと》がもし何かあれば、お願いしたいと思います。

黒田東彦守護霊　いや、安倍さんは、いちばん信頼《しんらい》しているのは「大川総裁の言葉」なんじゃないかなあと思うから。

君たちが当選するかどうかは別にして、やっぱり、大川総裁に、無私の心で、日本の国にとって正しいと思うことを言ってもらうことが大事で。しばらくすると、その方向に動いてくるから。

（安倍首相は）「選挙にとりあえず勝つ」っていう当面の目標は果たさないと引きずり降ろされるから、どうしてもやらざるをえないとは思うけど、たぶん、その方針に沿って、一年もしたら考えが変わるから、ぜひ出してもらえればいいとは思っているけども。

あと、言うとしたら、そうだね。私が言えることとしては、マイナス金利で日銀の財務が悪化して、「日銀が次、倒産《とうさん》するぞ」とかね、「日本国が破産するぞ」とかいうような、こういう〝闇攻撃《やみこうげき》〟がけっこう激しいからさ。自分としては、それを乗り切れるだけの力は持ちたいなとは思ってるので。

まあ、できたら、「日銀でも、もうちょっと〝儲《もう》けられる道〟を何かちょっとつくりたいな」とは思っているんだけどね。

綾織　なるほど。

黒田東彦守護霊　うーん、間接的にしかできないのは、ちょっとあれなんで。日銀か、それも一部の分割《ぶんかつ》したものを使ってでもいいけども。

まあ、アジア開発銀行なんかもやってたからさ。やれることがあることは知ってはいるので。

「日本のシンパになるような国」に対して、もっともっとお金を出していく。そして、日本の〝子飼い〟にして、発展させていく。マハティールさん（マレーシア首相）なんかも、また復活してるしさ。ほかの国も、たぶんそうなってくる可能性があるので。

綾織　そうですね。

黒田東彦守護霊　中国マネーで懐柔《かいじゅう》されかかってるやつを振《ふ》り払《はら》って、日本のほうについてくる国を、やっぱり、周りに増やさないかぎり、この国の未来はないと思うので。

まあ、日銀そのものがやるかどうかは別にしても、だぶついたお金からね、そうした将来の、要するに、「植福《しょくふく》」っていうか、将来、「富を生むもの」を、長期的にね、「十年、二十年、三十年後、日本にとってのプラスになるもの」を金融《きんゆう》しないと。短期だけで見ちゃ、やっぱり、いけないと思うんで。

まあ、日銀でできるかどうかは分からないけど、できたら、何か〝日本の応援《おうえん》団《だん》〟になるような国を育てる、アフリカあたりまで含めて。ヨーロッパもあってもいいかもしれないけど。中国がやろうとしているところでは、負けずに、こっちもその国を育てる。

「中国マネーはダーティーだから、もうやめたほうがいい」と。「こちらに乗り換《か》えなさい」と。そういうかたちで、発展させることをもうちょっとやらないと、日本は……。逆に向こうが(日本を)包囲して、孤立《こりつ》させようとしているから、これを破らなきゃいけないなと思ってる。

まあ、異次元緩和《かんわ》があっていいなら、そういう「異次元融資」とかいうのもあってもいいかもしれないね、次の第二次、三次、第四次〝黒田バズーカ〟としては。

綾織　なるほど。

黒田東彦守護霊　「日銀による異次元融資」とか言って、「日銀が持っている金のうちの、このくらいに関しては、まったく奇想天外《きそうてんがい》な融資をしたところで、日銀総裁には、その裁量権がある」みたいなの？　それは任せてくれれば、アジアの特定の国に対して、「ここに港湾《こうわん》をつくれ」とか、「もうちょっと、ここで巡視船《じゅんしせん》ぐらいつくらないと、君たちは国を取られちゃうぞ」というようなところがいっぱいあるからさ。そういうところに異次元融資して、発展させる。アジア開発銀行だけでは、ちょっと力が足りないような気はするんだけどね。

あとは、世界銀行のほうも少し攻め込《こ》んで、中国に対する〝垂れ流し融資〟みたいなのは、なるべく厳しい審査《しんさ》をやるようにしたいですね。

何か、そういう「世界戦略」をちょっとでもやれたら、まあ、うれしいなあ。

綾織　なるほど。安倍さんにもぜひやっていただきたいですし、幸福実現党の将来的に大事な政策になってくると思います。ありがとうございます。

「日銀が潰《つぶ》れないように応援《おうえん》してほしい」

黒田東彦守護霊　日銀の給料をもらった方も、近くにいらっしゃるようではあるから。なあ?

綾織　そういうご縁《えん》があるわけですね。

黒田東彦守護霊　大川紫央《しお》総裁補佐《ほさ》は、日銀でも有名だよ。私だって、ときどき耳にする。

（坂本龍馬《さかもとりょうま》に貸した）三億円を返してよ、利子を付けて（注。以前の霊査《れいさ》において、大川紫央総裁補佐の過去世《かこぜ》の一つは坂本龍馬であることが判明している）。百五十年分ぐらいの利子を付けてくれれば、ほんと、何億になるか。三億円に百五十年の利子を付けたら、幾《いく》らぐらいだろうね。もう、それは大きいだろうね。もしかしたら、一千億ぐらいになっているかもしれない。

綾織　今後、幸福実現党が日本を繁栄《はんえい》させる方向で、頑張《がんば》ってまいります。

黒田東彦守護霊　ああ。幸福の科学の総裁補佐を、〝一年ぐらいは食べさせた〟という功績が日銀にはあるからなあ。

だから、（日銀が）潰《つぶ》れないように、君たち、政策的にも、政党としても、万一《まんいつ》、

「このままじゃ、日銀が潰れるぞ！」とか、「潰しちゃえ！」とかいう声がいっぱい出てくることもないとは言えないから、そういうときに、「いや、そんなことはない。潰しては相成《あいな》らない」ということで、応援《おうえん》してくれよ、なあ。そういうことで、石垣《いしがき》の一つぐらいになってくれれば、うれしいな。

マイナス金利自体は、資本主義としては、常態化してはいけないことだと思うけれども、今、この国を、何て言うか、もっとお金を投資できる体制？　今、投資しても、何をしたらいいかが分からないから、たぶんできないでいるので、そのへんのところを、幸福の科学や幸福実現党から、もっともっと「未来の夢」を語っていただければ、お金を使う道が見えてくると思う。

綾織　はい。

「二〇五〇年までの中国自由化」を幸福実現党の党是《とうぜ》に

黒田東彦守護霊　君たちだったら、もう、はっきり「国防」でしょ？　それから、インドでしょ？

それから、ロシア圏《けん》まで取り込もうとしているんでしょ？　だから、ロシアやインドと平和条約などを結んで、彼らの開発に手を貸して、中国を囲み取りして、最後は、中国も〝占領《せんりょう》〟するんだろう？　占領するっていうか、「私たちの意図の下《もと》に、気に合うような国に改造しなければ、君たちは生き残れない」という最後通牒《つうちょう》を突《つ》きつけて、転換《てんかん》を促《うなが》すんでしょう？

綾織　はい。そうですね。

黒田東彦守護霊　そこまで考えているんでしょう？

釈　はい。そうです。

黒田東彦守護霊　ああ、それでよろしいと思います。

その方向で、「二〇五〇年までに、中国を完全に資本主義、自由主義で、マルクス主義を捨てた、宗教を尊ぶ国に変える」ということを、幸福実現党の党是《とうぜ》にしなさい。向こうは、「二〇五〇年までに、地球上の地図から日本という国は消えている」というのが、中国の政治家たちが言っていることだから。

綾織　はい。

黒田東彦守護霊　「二〇五〇年には、日本という国はないんだ」と言っているから。その逆で、「二〇五〇年には、中華《ちゅうか》人民共和国という国は、地球上の地図から消えていて、〝中華自由民主主義共和国〟か何かぐらいになっている。それは、日本の指導の下に、適切な方向に、世界にプラスになる方向で進むように、国は運営されている。それまでに、インドやロシア、日本、アメリカの圧力に屈《くっ》して、国是を変えなければいけない時代が来ている。君たちは、危機をまもなく迎《むか》えるであろう」ということを、逆に言わなければいけないね。

そのために、やるべきことは、坂本龍馬が考えそうなことをやりゃいいんだよ。だいたい、そういうことだよ。「坂本龍馬が考えて、西郷《さいごう》がやりたそうなこと」をやりゃいいんだよ。それだけのことだ。

「南北朝鮮《ちょうせん》の合併《がっぺい》前に、北の完全武装解除をさせよ」

黒田東彦守護霊　あとは、「朝鮮《ちょうせん》問題」が残っているけどね。あれも、完璧《かんぺき》にやらなきゃ駄目《だめ》だよ。君たちしかいないから、言えるのは。

綾織　はい。

黒田東彦守護霊　ほかは、みんな日和見《ひよりみ》なんで。まあ、●トランプさんが次に（金正恩《キムジョンウン》と）会うけどさ。

そんなに根本的なところまで、まだ行かないかもしれないけど、絶対、「核《かく》兵器」と、あと、あそこは「生物兵器」も持っているから。これはちょっと分かりにくくて、生物兵器で攻撃されたら、本当に何をされたか全然分からないし、犯人が分からないから。

「生物兵器」と、「核兵器」および「中長距離《ちゅうちょうきょり》ミサイル」、これを完全に〝刀狩《かたなが》り〟してからでないと、南のほうが、もう国を欲《ほ》しくて欲しくて、経済援助をしたくて焦《あせ》っているから。そういう兵器があるままに（北朝鮮を）吸収して自分のものにされないように、ここだけは何としても、口を酸《す》っぱくして繰《く》り返し、「絶対に駄目だ」と。

●トランプさんが……　2019 年 2 月 27 ～ 28 日、アメリカのトランプ大統領と北朝鮮の金正恩委員長による 2 回目の会談がベトナムの首都ハノイで行われたが、北朝鮮の完全な非核化に関する合意には至らなかった。

〝完全武装解除〟をして、国がちゃんと「自由化」、「民主化」するというところまで行かないかぎり、そんな安易な合併《がっぺい》は許すべきではないと思うよ。これをしっかりさせておきなさいよ。

釈　「和《わ》戦両様《せんりょうよう》の構え」でやっていきます。

黒田東彦守護霊　そうしないと、要するに、（南北朝鮮が統一して）韓国《かんこく》になったとしてもね、韓国が「核ミサイル」や「生物兵器」を持っていて、日本を脅《おど》しまくるなんてことが……。今だって、もうすでに、軍事的なあれが起きているじゃないか。

綾織　やりたくてしょうがない。

黒田東彦守護霊　ねえ？　レーダーの照射事件から、いろいろ起きてるじゃない。

強気になってるんだよ、かなり。

綾織　はい、はい。

黒田東彦守護霊　千年間、復讐《ふくしゅう》してくれるそうだからさ、あっちは。まあ、千年も復讐されたらたまらないので、その前に、あっちも自由化、民主化、非武装化をちょっとやらないと駄目だと思うよ。

綾織　はい。

「台湾《たいわん》を強くしなければ、日本を護《まも》れない」

黒田東彦守護霊　それと、台湾《たいわん》ね。●台湾との国交回復を、君らはやろうとしているんだろうけど、やはり、（君ら

愛は憎しみを超えて
中国を民主化させる日本と台湾の使命
大川隆法
台湾の自由を守り抜く。
誰も言えなかった「中台問題」の正論が、この一冊に

●台湾との国交回復を……　『愛は憎しみを超えて』（幸福の科学出版刊）参照。

に）言ってもらったほうがいい。

自民党とか、ほかのところは、正式にはすごく言いにくいから。

綾織　はい、はい。

黒田東彦守護霊　君ら、まだ当選者がいないのが、ほんとに幸いだよ。当選者がいないからこそ言える。（当選者が）すでにいる党であったら、やはり、正式に圧力をかけられるから。今だからこそ言えるから。

今こそ、「台湾独立」とか、「国交回復」とか、「台湾の発展のためにもっと梃子《てこ》入れすべきだ」とか、もっと言っていいと思う。そうして台湾を強くしなければ、日本を護《まも》れないから。危ない。

綾織　はい。

「言いたいことは山のようにあるが……」

黒田東彦守護霊　まあ、言いたいことは、山のようにある。でも、日銀総裁としては、限界はあるから。もうこれが、このあたりが限度だ。

綾織　はい。

黒田東彦守護霊　まあ、雇《やと》ってくれるっていうなら、また別だけど（笑）。

綾織　もしかしたら、あるかもしれませんけれども（笑）。

黒田東彦守護霊　いや、もう、もう、もう、〝ボケ老人〟だから、それはもう言わない。（森國に）君みたいな若い人の時代だから、もっと頑張ってやれや。君だって優秀《ゆうしゅう》なんだろう？　君だって優秀なんだろうからさ。僕《ぼく》ぐらいの仕事は、いくらでもできるさ。だから、やれよ。若い人の仕事だよ。頑張ってやったらいいよ。

森國　はい。頑張ります。

黒田東彦守護霊　まあ、期待しているからね。

綾織　はい。ありがとうございます。

黒田東彦守護霊　まあ、日銀総裁がこんなことを言ったら、また国会で追及《ついきゅう》されるかもしれない。

綾織　特に最後のあたりは……。

黒田東彦守護霊　国会でさ、「君、本当にこう思っているんですか」と言って喚問《かんもん》されたら、ほんとたまらないけど。

綾織　守護霊である由利公正《ゆりきみまさ》さんの発言だと思いますので……。

黒田東彦守護霊　「いや、あの世があるかないかは、まだ、定かに科学的には確定されていないことであって、私《わたくし》の本心から言って、これが本当の私の守護霊の意見であるかどうかということに対しては、何ともお答え申し上げられません」とか言うしかないので。

まあ、それは勘弁《かんべん》しろよ、なあ。そう言うかもしれないけど、それしか逃《に》げ道はないからさ。けれども、期待はしてる。

綾織　はい。今後ともご指導いただければと思います。

黒田東彦守護霊　はい。頑張れな。うん。

綾織　ありがとうございます。

9　この国を護《まも》り、発展させるための重要なポイント

大川隆法　はい（手を三回叩《たた》く）。

まあ、比較《ひかく》的、心情的には応援《おうえん》してくださっている方のようですから、しっかり、あと残りの任期において活躍《かつやく》してくださることを期待したいですし、私たちのほうから意見を言えることは、どんどん発表して促《うなが》しましょう。

綾織　はい。

大川隆法　安倍《あべ》さんだけではなくて、日銀総裁にも、「こういうことをやったらどうですか」というようなことを、政党のほうから意見を発信したらいいいんじゃない

ですか。ああいう、自分（黒田総裁の守護霊）が言ったようなことを言ってほしいのでしょう。

だから、「幸福の科学や幸福実現党が、あまりうるさく言うから、しかたないのでちょっとやらなきゃいけないかなというムードをつくってくれたら、うれしい」と言っているのでしょう？　だから、ちょっと言ってあげたらいいんじゃないでしょうか。

釈・森國　はい。

綾織　発信していきます。

大川隆法　でも、面白《おもしろ》い霊言《れいげん》にはなりましたし、おそらく、この国を護《まも》って発展させるためには重要なポイントだったと思います。

ぜひとも、よい方向に行けばいいですね。
ありがとうございました。

質問者一同　ありがとうございました。

あとがき

霊言の対象となった黒田総裁本人は、正式に本書のコメントをすることは困難だろう。

ただ思いのいく分かは、安倍総理にも届くだろうし、財界、マスコミ界、学者世界、政界、一般国民にも届くだろう。

本書をみても分かる通り、「幸福の科学」も「宗教の枠」はとっくに超えているし、グループ内に『幸福実現党』を創っている理由も実感されることだろう。

私も憂国《ゆうこく》の精神としては、黒田総裁と気持ちを同じくしている。どうか大中華帝国構想に呑《の》み込まれない日本の未来を構想していきたいものだ。
日本と世界の未来のために、『新・黒田バズーカ』を出して頂きたいものだと思う。

二〇一九年　三月二十二日

幸福《こうふく》の科学《かがく》グループ創始者兼総裁《そうししゃけんそうさい》
幸福実現党創立者兼総裁《こうふくじつげんとうそうりつしゃけんそうさい》　大川隆法《おおかわりゅうほう》

『日銀総裁 黒田東彦 守護霊インタビュー』関連書籍

『愛は憎しみを超えて』（大川隆法 著　幸福の科学出版刊）
『守護霊インタビュー　習近平 世界支配へのシナリオ』（同右）
『景気回復法――公開霊言　高橋是清・田中角栄・土光敏夫――』（同右）
『日銀総裁とのスピリチュアル対話』（大川隆法 著　幸福実現党刊）
『平成の鬼平へのファイナル・ジャッジメント
　――日銀・三重野元総裁のその後を追う――』（同右）
『宮澤喜一　元総理の霊言』（同右）

日銀総裁《にちぎんそうさい》 黒田東彦《くろだはるひこ》 守護霊《しゅごれい》インタビュー
──異次元緩和の先にある新しい金融戦略──

2019年4月3日　初版第1刷

著　者　　大《おお》　川《かわ》　隆《りゅう》　法《ほう》

発行所　　幸福の科学出版株式会社
〒107-0052 東京都港区赤坂2丁目10番14号
TEL(03)5573-7700
https://www.irhpress.co.jp/

印刷・製本　株式会社 研文社

落丁・乱丁本はおとりかえいたします

ISBN978-4-8233-0066-0 C0030
カバー EPA＝時事／帯 毎日新聞社／アフロ, AFP＝時事, 時事／ p.27 時事
装丁・イラスト・写真（上記・パブリックドメインを除く）© 幸福の科学

大川隆法ベストセラーズ・世界秩序の未来を読む

Love for the Future

未来への愛

英語説法
英日対訳

過去の呪縛からドイツを解き放ち、中国の野望と第三次世界大戦を阻止するために──。ドイツ・ベルリンで開催された講演を、英日対訳で書籍化！

1,500 円

守護霊インタビュー トランプ大統領の決意

英語霊言
日本語訳付き

北朝鮮問題の結末とその先のシナリオ

"宥和《ゆうわ》ムード" で終わった南北会談。トランプ大統領は米朝会談を控え、いかなるビジョンを描くのか。今後の対北朝鮮戦略のトップシークレットに迫る。

1,400 円

日露平和条約がつくる新・世界秩序 プーチン大統領守護霊 緊急メッセージ

なぜ、プーチンは条約締結を提言したのか。中国や北朝鮮の核の脅威、北方領土問題の解決と条件、日本の選ぶべき未来とは──。【幸福実現党刊】

1,400 円

スピリチュアル・インタビュー メルケル首相の理想と課題

英語霊言
日本語訳付き

移民政策や緊縮財政など、EUの難局に直面するドイツ首相の本心に迫る。トランプや習近平、プーチンに対する本音、そして、衝撃の過去世が明らかに。

1,400 円

世界から
希望が
消えたなら。
製作総指揮・原案／大川隆法
竹内久顕　千眼美子　さとう珠緒　芦川よしみ　石橋保　木下渓
監督／赤羽博　音楽／水澤有一　脚本／大川咲也加　製作／幸福の科学出版　製作協力／ARI Production　ニュースター・プロダクション
制作プロダクション／ジャンゴフィルム　配給／日活　配給協力／東京テアトル　©2019 IRH Press
2019年秋ロードショー

幸福の科学グループのご案内

宗教、教育、政治、出版などの活動を通じて、地球的ユートピアの実現を目指しています。

幸福の科学

一九八六年に立宗。信仰の対象は、地球系霊団の最高大霊、主エル・カンターレ。世界百カ国以上の国々に信者を持ち、全人類救済という尊い使命のもと、信者は、「愛」と「悟り」と「ユートピア建設」の教えの実践、伝道に励んでいます。

（二〇一九年三月現在）

愛

幸福の科学の「愛」とは、与える愛です。これは、仏教の慈悲《じひ》や布施《ふせ》の精神と同じことです。信者は、仏法真理をお伝えすることを通して、多くの方に幸福な人生を送っていただくための活動に励んでいます。

悟り

「悟り」とは、自らが仏の子であることを知るということです。教学《きょうがく》や精神統一によって心を磨き、智慧《ちえ》を得て悩みを解決すると共に、天使・菩薩《ぼさつ》の境地を目指し、より多くの人を救える力を身につけていきます。

ユートピア建設

私たち人間は、地上に理想世界を建設するという尊い使命を持って生まれてきています。社会の悪を押しとどめ、善を推し進めるために、信者はさまざまな活動に積極的に参加しています。

国内外の世界で貧困や災害、心の病で苦しんでいる人々に対しては、現地メンバーや支援団体と連携して、物心両面にわたり、あらゆる手段で手を差し伸べています。

年間約２万人の自殺者を減らすため、全国各地で街頭キャンペーンを展開しています。

公式サイト **www.withyou-hs.net**

ヘレン・ケラーを理想として活動する、ハンディキャップを持つ方とボランティアの会です。視聴覚障害者、肢体不自由な方々に仏法真理を学んでいただくための、さまざまなサポートをしています。

公式サイト **www.helen-hs.net**

入会のご案内

幸福の科学では、大川隆法総裁が説く仏法真理《ぶっぽうしんり》をもとに、「どうすれば幸福になれるのか、また、他の人を幸福にできるのか」を学び、実践しています。

入会

仏法真理を学んでみたい方へ

大川隆法総裁の教えを信じ、学ぼうとする方なら、どなたでも入会できます。入会された方には、『入会版「正心法語《しょうしんほうご》」』が授与されます。

ネット入会 入会ご希望の方はネットからも入会できます。
happy-science.jp/joinus

三帰《さんき》誓願《せいがん》

信仰をさらに深めたい方へ

仏弟子としてさらに信仰を深めたい方は、仏《ぶっ》・法《ぽう》・僧《そう》の三宝《さんぽう》への帰依を誓う「三帰誓願式」を受けることができます。三帰誓願者には、『仏説・正心法語』『祈願文《きがんもん》①』『祈願文②』『エル・カンターレへの祈り』が授与されます。

幸福の科学 サービスセンター
TEL 03-5793-1727
受付時間／
火～金：10～20時
土・日祝：10～18時
（月曜を除く）

幸福の科学 公式サイト
happy-science.jp

ハッピー・サイエンス・ユニバーシティ
Happy Science University

ハッピー・サイエンス・ユニバーシティとは

ハッピー・サイエンス・ユニバーシティ(HSU)は、大川隆法総裁が設立された「現代の松下村塾」であり、「日本発の本格私学」です。
建学の精神として「幸福の探究と新文明の創造」を掲げ、
チャレンジ精神にあふれ、新時代を切り拓く人材の輩出を目指します。

人間幸福学部　経営成功学部　未来産業学部

HSU長生キャンパス TEL **0475-32-7770**
〒299-4325　千葉県長生郡長生村一松丙 4427-1

未来創造学部

HSU未来創造・東京キャンパス
TEL **03-3699-7707**
〒136-0076　東京都江東区南砂2-6-5　公式サイト **happy-science.university**

学校法人 幸福の科学学園

学校法人 幸福の科学学園は、幸福の科学の教育理念のもとにつくられた教育機関です。人間にとって最も大切な宗教教育の導入を通じて精神性を高めながら、ユートピア建設に貢献する人材輩出を目指しています。

幸福の科学学園
中学校・高等学校(那須本校)
2010年4月開校・栃木県那須郡(男女共学・全寮制)
TEL **0287-75-7777** 公式サイト **happy-science.ac.jp**

関西中学校・高等学校(関西校)
2013年4月開校・滋賀県大津市(男女共学・寮及び通学)
TEL **077-573-7774** 公式サイト **kansai.happy-science.ac.jp**

仏法真理塾「サクセスNo.1」

全国に本校・拠点・支部校を展開する、幸福の科学による信仰教育の機関です。小学生・中学生・高校生を対象に、信仰教育・徳育にウエイトを置きつつ、将来、社会人として活躍するための学力養成にも力を注いでいます。

TEL 03-5750-0747（東京本校）

エンゼルプランV　TEL 03-5750-0757

幼少時からの心の教育を大切にして、信仰をベースにした幼児教育を行っています。

不登校児支援スクール「ネバー・マインド」　TEL 03-5750-1741

心の面からのアプローチを重視して、不登校の子供たちを支援しています。

ユー・アー・エンゼル！（あなたは天使！）運動

一般社団法人 ユー・アー・エンゼル　TEL 03-6426-7797

障害児の不安や悩みに取り組み、ご両親を励まし、勇気づける、
障害児支援のボランティア運動を展開しています。

NPO活動支援

いじめから子供を守ろうネットワーク

学校からのいじめ追放を目指し、さまざまな社会提言をしています。また、各地でのシンポジウムや学校への啓発ポスター掲示等に取り組む一般財団法人「いじめから子供を守ろうネットワーク」を支援しています。

公式サイト mamoro.org　ブログ blog.mamoro.org

相談窓口 TEL.03-5544-8989

百歳まで生きる会

「百歳まで生きる会」は、生涯現役人生を掲げ、友達づくり、生きがいづくりをめざしている幸福の科学のシニア信者の集まりです。

シニア・プラン21

生涯反省で人生を再生・新生し、希望に満ちた生涯現役人生を生きる仏法真理道場です。定期的に開催される研修には、年齢を問わず、多くの方が参加しています。全国168カ所、海外12カ所で開校中。

【東京校】TEL 03-6384-0778　FAX 03-6384-0779
メール senior-plan@kofuku-no-kagaku.or.jp

幸福実現党

内憂外患《ないゆうがいかん》の国難に立ち向かうべく、2009年5月に幸福実現党を立党しました。創立者である大川隆法党総裁の精神的指導のもと、宗教だけでは解決できない問題に取り組み、幸福を具体化するための力になっています。

幸福実現党 釈量子サイト **shaku-ryoko.net**
Twitter **釈量子@shakuryokoで検索**

党の機関紙
「幸福実現NEWS」

幸福実現党 党員募集中

あなたも幸福を実現する政治に参画しませんか。

○幸福実現党の理念と綱領、政策に賛同する18歳以上の方なら、どなたでも参加いただけます。

○党費:正党員(年額5千円[学生 年額2千円])、特別党員(年額10万円以上)、家族党員(年額2千円)

○党員資格は党費を入金された日から1年間です。

○正党員、特別党員の皆様には機関紙「幸福実現NEWS(党員版)」(不定期発行)が送付されます。

＊申込書は、下記、幸福実現党公式サイトでダウンロードできます。

住所:〒107-0052 東京都港区赤坂2-10-8 6階 幸福実現党本部
TEL **03-6441-0754** FAX **03-6441-0764**
公式サイト **hr-party.jp**

大川隆法　講演会のご案内

大川隆法総裁の講演会が全国各地で開催されています。講演のなかでは、毎回、「世界教師」としての立場から、幸福な人生を生きるための心の教えをはじめ、世界各地で起きている宗教対立、紛争、国際政治や経済といった時事問題に対する指針など、日本と世界がさらなる繁栄の未来を実現するための道筋が示されています。

2019年3月3日 グランド ハイアット 台北（台湾）「愛は憎しみを超えて」

2018年12月11日 幕張メッセ「奇跡を起こす力」

2017年8月2日 東京ドーム「人類の選択」

2018年10月7日 ザ・リッツカールトン ベルリン（ドイツ）「Love for the Future」

2019年1月26日 広島県立文化芸術ホール「未来への希望」

講演会には、どなたでもご参加いただけます。
最新の講演会の開催情報はこちらへ。⟹ 大川隆法総裁公式サイト https://ryuho-okawa.org